L'Espace du Possible

Yves Donnars

L'Espace du Possible

Pour des vacances polyphoniques

DESCLÉE DE BROUWER

76 *bis*, rue des Saints-Pères
75007 Paris
www.descleedebrouwer.com

14, rue du Dragon
75006 Paris

ISBN 2-220-04951-5

ISBN 2-904299-32-7

Remerciements

Comme n'importe quel ouvrage, celui-ci constitue d'abord une déclaration personnelle. Mes liens étroits avec l'Espace du Possible en font pourtant à bien des égards, non seulement la présentation, mais encore l'expression et la formalisation d'une aventure collective. Celle-ci n'existerait pas sans l'implication personnelle profonde de dizaines d'amis, parmi lesquels, mais les citer constitue déjà une injustice, Marie-Martine Mestre, Guy Raynal, Jacques Chaussepieds, Bernard Maxoudian, Carole Buraud, Martine Monier, Chantal Pouget, Catherine Rioult, Mikle Gradwel, Ludovic Marcos, Pierre de Ségovia, Jean Housset. Qu'ils en soient chaleureusement remerciés.

C'est dire que L'Espace du Possible *– le livre – n'aurait pu voir le jour sans la conversation infinie que nous poursuivons chaque année à l'Espace. Bien des réflexions qui s'y trouvent reprises ont été initialement livrées par des membres de l'association. Qu'ils en soient eux aussi remerciés. La conception et la rédaction de l'ouvrage ont en outre bénéficié de la collaboration d'Alain André, écrivain et responsable d'Aleph-Écriture. J'espère qu'il sera suivi d'autres textes, d'autres* *déclarations personnelles, qui nous aideront à inventer ensemble la suite de l'aventure.*

Je dédie donc ce livre à tous ceux qui m'ont accompagné dans cette aventure et à ceux qui sont aujourd'hui à mes côtés.

Le monde est constamment polyphonique alors que nous n'en avons, par carence ou paresse, qu'une lecture monodique. Et il y a des moments, soit par fatigue, soit par sentiment amoureux, soit parce que – je n'en suis pas certain mais je l'espère vivement – la mort est imminente ou qu'on a pris du peyotl ou de la mescaline, où tout d'un coup on perçoit toutes ces harmoniques. C'est-à-dire qu'on entend toutes les voix de la partition, au lieu de n'en entendre qu'une, comme à l'accoutumée.

Nicolas Bouvier,
Chronique japonaise

Avant-propos

Les pieds sur terre et la tête dans le ciel

Avertissement

Ce livre est le fruit d'une longue expérience en tant que responsable d'un site de vacances. Il montre comment s'enchevêtrent théorie et pratique, mais une dimension subjective est privilégiée dans la méthode. En d'autres termes, il s'agit pour moi de réfléchir à la fois sur un lieu que j'ai créé et sur ma relation à ce lieu. L'ouvrage relève ainsi d'une forme d'*ego-sociologie*, selon l'astucieuse expression de Michel Marié[1]. En disant cela, je préviens, et accepte dans une certaine mesure les objections de partialité. Mon implication entière, et de longue date, dans cette aventure de l'Espace du Possible, rend de toute façon illusoire la revendication d'une objectivité irréprochable : j'assume donc cette part de subjectivité.

---

1. Cf. M. Marié et J. Viard, *La campagne inventée*, Actes Sud, 1977.

Il n'est pas facile de parler de l'Espace du Possible. Peut-être faut-il commencer par « s'obliger à voir les choses plus platement », comme le suggère Georges Perec dans ses travaux pratiques descriptifs[2].

Dire par exemple qu'il s'agit d'un camping, installé dans un superbe parc boisé en bord de mer, à quelques kilomètres de Royan, en Charente-Maritime. Rien là, *a priori*, qui le destine à devenir une source d'étude ou même qui suscite une curiosité excessive. Le camping et les campeurs ont longtemps servi de repoussoir à la noblesse des villégiatures. Pourtant, comme le rappellent Olivier Sirost et Gilles Raveneau[3], entre sept et dix millions de personnes campent chaque année en France. Le phénomène, durable, représente désormais une part notable de l'hébergement de loisirs (11 %). Le campeur n'est pas « le roi des idiots », sauf à prendre le cliché au pied de la lettre[4]. Il s'agit statistiquement d'un urbain de trente-deux à cinquante ans, issu des classes moyennes, séjournant en camping une dizaine de jours par an, de préférence en bord de mer. Il passe souvent de la tente ou de la caravane au confort léger du mobil-home, passage qui signe celui du camping traditionnel à la formule du village de vacances[5]. Et surtout il tire son plaisir, et son

2. « La rue », *Espèces d'espaces*, Galilée, 1974, p. 71.

3. Cf. « Le double sens du camping », in *Cultures en mouvement*, n° 56, juillet-août 2000.

4. C'est Jean-Didier Urbain qui, dans *L'idiot du voyage – Histoires de touristes* (Payot, 1993) prend l'expression au pied de la lettre. Olivier Sirost et Gilles Raveneau suggèrent dans l'article déjà cité de pousser l'analogie en voyant dans le campeur le roi des idiots, c'est-à-dire « celui qui est passé maître dans la production d'une connaissance banale de l'ordinaire ».

5. Cf. Catherine Bernard, « *Home sweet mobil-home* – Depuis dix ans, les camping-cars changent la physionomie et la sociologie du tourisme », in *Libération* du vendredi 25 août 2000.

énergie, du contact avec les autres : en camping comme en village de vacances, semblent dire unanimement les campeurs, « on ne vit pas les uns sur les autres, mais les uns avec les autres[6] ».

Cette réduction à un phénomène de masse dissimule l'écart qui existe entre les modèles dominants de vacances, camping ou club et l'Espace du Possible. Il est possible d'y vivre des vacances originales et plus particulièrement créatives et formatrices. Il suscite des rêves, des discours, des fantasmes aussi, qui ne sont pas ceux qu'engendrent les campings ordinaires. La fascination qu'il exerce mobilise en somme des ressorts plus souterrains. Il ne suffit pas, pour en rendre compte, de rappeler ce qu'Edgar Morin observait déjà il y a bientôt un demi-siècle : que l'industrie culturelle tout entière alimente une utopie des loisirs modernes ; qu'elle nous propose de réaliser cet « état de nature idyllique, libre, rousseauiste, qui est la nostalgie récurrente d'une civilisation technicienne-bourgeoise-urbaine de plus en plus éloignée des sources biologiques[7] ».

Cartographie

L'Espace se présente avant tout comme un territoire. Sa plus grande partie est préservée, contrairement à beaucoup de campings, beaucoup plus denses en « emplacements » et « blocs sanitaires ». C'est un domaine boisé, planté d'essences souvent rares. Dès les premiers rassemblements à l'Espace, à la fin des années 70, la première brochure d'information ressemblait à une carte topographique. Dans un périmètre accolé à la route départemen-

6. Cf. Olivier Sirost et Gilles Raveneau, art. cit.

7. Cf. *L'Esprit du temps*, Grasset & Fasquelle, Poche Biblio essais, 1962, p. 253.

tale 25 et à la plage des Vergnes surgit un lieu, associé à un programme : animer un groupe d'expression, un atelier d'écriture ou d'interprétation des rêves, construire un bungalow, préparer des gâteaux, s'initier aux marionnettes ou à la bioénergie, faire du théâtre ou une partie de pétanque, découvrir la Saintonge ou le fonctionnement d'un chauffe-eau solaire, le tissage ou la danse. Ce qui est proposé d'emblée, ce n'est pas de camper : c'est « un nouveau mode de vacances ». On offre un lieu, avec du matériel, des activités ; un lieu qui en appelle au désir, où l'on donne envie, en évitant de « faire à la place » d'autrui. Les activités sont moins proposées pour elles-mêmes qu'en tant que médiations, pour se découvrir, apprendre, rencontrer ou créer.

Cette carte initiale de l'Espace s'est enrichie. Une sorte d'île est apparue, dessinée, calligraphiée, avec ses personnages, ses scènes de genre, ses lieux remarquables. Avec sa magie, grâce à la proximité immédiate de l'Atlantique. Avec sa prairie, ses collines, sa montagne relative, et même son eau douce – un étang. « Une carte est donnée », clame non sans humour le poète en charge de la brochure en l'an de grâce 1984, « où sur tous les chemins tu peux pèleriner, le corps désencombré et l'esprit éveillé... ». La topographie, sensiblement, n'épuise pas la topologie, et notre poète en est conscient : « Tu peux dessiner ici et maintenant, continue-t-il, la carte de ta vie, du Mont à la Prairie, les courbes, les rivages, les points et les ancrages... »

Les noms qui sont attribués à tous les incidents de terrain quelque peu significatifs dessinent ainsi peu à peu une carte mentale. Mont Chauve ou Mont de Vénus, Bermudes, Nid ou Miel s'y inscrivent en plus larges lettres que les dénominations fonctionnelles, comme forum, *hot tub* ou sauna, sanitaires, maison des enfants ou ateliers. C'est une île au trésor qui s'ébauche, singulière.

Plus métaphoriquement, l'Espace a ceci d'original qu'il manifeste de façon palpable ce qu'Augustin Berque nomme l'*écoumène* : la relation qu'entretient l'humanité à l'étendue terrestre[8]. Les lieudits de l'Espace portent des noms qui signalent fortement cette identité « trajective » qui réconcilie leur double nature physique et symbolique. Peut-être est-ce de cela que l'Espace tire son efficacité à nous transporter au-delà de nos vies ordinaires ? Les cartes qui ont été dressées de l'Espace sont toutes fausses bien entendu, comme l'étaient les cartes anciennes. Mais elles cernent à leur façon une réalité qui échappe à l'espace euclidien de la pure topographie. « Les pieds sur la terre, certes, mais la tête dans le ciel. » L'être humain, suggère Augustin Berque, « a en effet toujours embrayé, topologiquement, les positions physiques de la planète aux positions mentales de la sémiosphère[9] ».

Ces cartes ne signalent-elles pas la façon dont l'Espace contribue à faire de chacun le personnage de l'un de ces « textes en chemin » de la littérature japonaise ancienne, les *michiyuki-bun*, pèlerinant à la fois d'un point à un autre et de l'extérieur à l'intérieur de soi-même et vice versa, jusqu'à ressentir en eux le *makoto* : ce sentiment de « sincérité » d'esprit et du cœur qui permet à l'homme d'être en harmonie avec lui-même et avec la nature. Et en effet, on marche à l'Espace – 25 m de dénivelé, 700 m de longueur –, on monte, on descend, toute la journée, en allant d'un lieu à l'autre. La Carte du Tendre rêvait déjà à de semblables glissements, de la géographie au symbolisme de l'intériorité. Celle de l'Espace n'indique pas que

8. Cf. « Biosphère ou cybermonde ? », in *Les Cahiers de médiologie* n°3 : « Anciennes nations, nouveaux réseaux ».

9. Cf. art. cit.

des possibles amoureux : c'est tout l'espace pour être soi et pour vivre ensemble qui s'y trouve réinterrogé.

Genèse personnelle

Enracinements

Avant de brosser un historique de l'Espace, je souhaiterais dire un mot de la façon dont cette aventure s'est imposée à moi. J'ai grandi à Paris, dans une maison où mon père, psychosomaticien, tenait table ouverte. Les personnes les plus diverses venaient bavarder dans un esprit d'authenticité. Scientifiques, médecins, créateurs, trouvaient là une atmosphère favorable à la confidence. Ils laissaient glisser le masque social, parlaient plus souvent de leurs recherches et interrogations que de leurs certitudes. Il s'agissait de la vie comme elle va, sans valorisation narcissique des « réalisations » de chacun. Les plus sûrs d'eux-mêmes laissaient souvent deviner des failles : les rois étaient nus, comme dans la légende. Et moi j'écoutais, les doutes, les discours, les projets, y apprenant très tôt le partage : la vie, mais du côté de l'intime et de la simplicité. Des récits se déroulaient, d'une façon dont mon fils retrouve peut-être un écho à l'Espace, lorsqu'il m'explique que c'est le seul endroit où il peut parler avec des adultes « de personne à personne ». Cette ouverture est rare, elle reste précieuse.

Parisien et étudiant en mai 1968, j'ai participé ensuite avec jubilation à l'élan des « événements ». C'était la « révolution de l'autonomie », une force de résistance, un goût vif pour le changement et l'aventure. Nous avions le sentiment de participer à un bouleversement des représentations et des croyances. Puis j'ai suivi des études d'économie et de gestion à l'université de Paris IX-Dauphine, avant de me spécialiser en psychosociologie.

Je garde de Max Pagès, qui y assurait un cours sur la compréhension analytique des organisations, le vif souvenir de ce don exceptionnel qu'il avait de s'impliquer à l'endroit précis où le pouvoir était questionné dans un groupe. A l'École des hautes études en sciences sociales, mon professeur Pierre Jarniou, très centré sur l'imaginaire selon Bachelard et l'historicité telle que la pensait Alain Touraine, était quant à lui un habile gestionnaire et négociateur. C'est lui qui, au détour d'une conversation, me suggéra l'idée d'un lieu de vacances éclairé par la psychosociologie. Je ressentis alors un flash intense, provisoirement sans suite.

Vacances royannaises

Je passais depuis l'enfance mes vacances près de Royan. Mon grand-père maternel était d'une vieille famille, ruinée, de gabariers et terre-neuvas installés à Cozes, en Charente-Maritime. Il faisait carrière en Extrême-Orient pour la Shell : il passa commande en 1929 d'une maison tout près de Meschers et acheta une série de parcelles au bord de la mer : des vignes ravagées par le phylloxéra, de petits potagers. A quarante-sept ans, il souhaitait rentrer au pays, réunir sa famille et faire de la politique. Il mourut cette année-là.

Ma grand-mère fit construire la maison rêvée. Ma mère, vingt-cinq ans plus tard, décida de planter des arbres et de remodeler ce terrain détruit par les Allemands lors de la construction du mur de l'Atlantique. Pour nous, les trois enfants, il s'agissait d'un terrain d'aventures où nous venions jouer. Peu à peu, nous avons aidé notre mère à le paysager. Je me souviens encore des pins parasols en pots à Paris, replantés à la maison de

Kampo, près de Meschers, avant d'être installés définitivement à leur place prévue sur le terrain.

En 1976, alors que je revenais de deux ans au Canada, encore tout émerveillé par l'immensité propre aux espaces américains, j'appris que la commune de Meschers avait obligation d'établir un plan d'occupation des sols (POS). En clair, pour conserver au terrain sa valeur, la seule solution était d'imaginer un projet. Compte tenu de la vocation touristique de la région, j'ai imaginé un camping : un camping comme les autres !

C'est de la rencontre de ces deux séries causales – la psychosociologie à Dauphine et le POS de Meschers –, aussi imprévue que le célèbre coup de foudre, imaginé par Lautréamont, de la machine à coudre et du parapluie sur une table de dissection, qu'est né l'Espace du Possible : une grand terrain familial réaménagé en camping, mais aussi et surtout un lieu de rencontres et d'expérimentation inspiré de la psychologie humaniste.

Le trésor de l'île

S'il fallait imaginer un mythe originel de l'Espace du Possible, je ferais donc volontiers référence à *L'Ile au Trésor*. Comme Jim, le jeune Anglais de l'histoire de Stevenson, j'ai découvert l'existence de « l'Ile » dans le coffre du mort – René Héraud, mon grand-père. Mais contrairement à Jim, je n'y ai trouvé ni carte, ni indications liées à l'emplacement du trésor. Je disposais du territoire lui-même, mais il était vierge. Il m'a fallu un quart de siècle pour en établir les relevés, en imaginer les parcours, entreprendre avec d'autres de tracer des chemins qui restent encore largement à inventer.

Sans doute ai-je ainsi cherché à poursuivre l'ouvrage de mes ascendants, en l'infléchissant du côté de l'exploration, de l'aventure et des rencontres imprévues. Le projet de camping s'est trouvé relayé par quelque chose de plus exaltant : le pari, construit et assumé, de réaliser un lieu nouveau en s'appuyant sur quelques idées fortes. Elles constituaient un cocktail inouï : des gens prêts à s'impliquer, des animateurs chaleureux et capables de communiquer, l'envie d'activer en chacun sa part la plus incandescente, une large palette d'activités ayant l'intime, l'imaginaire, le corps et la créativité pour points communs.

Les personnes à l'origine du projet présentaient des profils, des compétences et des expériences rarement réunis. Il suffira de dire que Jacqueline Barbin par exemple était juriste, masseuse, méditante et thérapeute ; que Jacques Salzer avait accumulé les formations – HEC, Sciences politiques, expertise comptable – et qu'il enseignait les techniques de communication tout en étant comédien. Jérôme Liss, un psychiatre américain, avait travaillé avec Ronald Laing et conjuguait à tous les temps corps, musique et autogestion. Tous avaient en commun de privilégier le lien micro-social, porteur de vie sensible et de renouvellements concrets.

Nous vivons le temps des loisirs

Succès

Un quart de siècle plus tard, le rayonnement de l'Espace est certain. Environ 2 000 personnes y séjournent chaque année, entre Pâques et la Toussaint, pour une période d'une semaine en moyenne. Il s'agit à 80 % de membres des professions libérales ou de cadres : éducateurs, fonctionnaires, médecins, informaticiens, enseignants, universitaires, artistes ou psychologues. Il est possible d'estimer le nombre total de ces résidents, depuis 1977, à 20 000 environ.

S'est ainsi constitué, au fil des ans, essentiellement sur la base du seul bouche à oreille, un public enthousiaste. Sa participation active constitue le moteur essentiel de l'Espace. Une enquête-qualité, conduite en 2000 par un cabinet indépendant, Actudes, sur un échantillon de plus de 500 questionnaires, montre qu'en 1999, 85 % des personnes se sont estimées « totalement ou très satisfaites » de leur séjour. L'Espace du Possible y est pourtant considéré à une aune exigeante : moins comme un site de loisirs ordinaire qu'en tant que lieu d'évolution personnelle, d'épanouissement et de découverte de multiples activités, artistiques, d'expression corporelle, de développement personnel ou de communication. Un endroit où il est possible de retrouver l'émerveillement : de ré-enchanter la vie au quotidien.

Style de vie

Ce succès s'explique par de multiples raisons. Certes, la décrue continuelle du temps de travail dans nos sociétés produit mécaniquement du loisir, nous confrontant par là même au règne nouveau de l'individu privé. Mais il faut aussi souligner que ce temps de loisir n'est plus seulement réparation de la force de travail, mais style de vie et recherche d'accomplissement en soi.

C'est ce contexte que prend en compte un chercheur comme Joffre Dumazedier. Dans un ouvrage devenu un classique[10], il configure le loisir moderne à l'image d'un trépied, celui des 3D : Détente, Divertissement, Développement personnel.

Primo, explique-t-il, le touriste recherche « le repos et la libération des soucis ainsi que des contraintes de la vie quotidienne ».

---

10. Cf. *Vers une société de loisir*, Seuil, 1962.

Secundo, il souhaite des divertissements capables de donner « un côté plus dynamique au loisir, qui [...] devient une quête de bien-être et de plaisir ».

Tertio, « le loisir permet d'exercer certaines activités récréatives épanouissantes pour l'individu [...]. Une dimension d'autodidaxie est présente [...] : formation, perfectionnement et recyclage ».

A ce trépied, les auteurs de recherches plus récentes, comme le sociologue Rachid Amirou, proposent d'ajouter une quatrième fonction du tourisme : la socialisation. « La complexité de la vie moderne, l'éclatement et l'appauvrissement du lien familial, l'anonymat des grands ensembles et des grandes mégapoles, et d'autres facteurs, notamment professionnels, génèrent un isolement et une atomisation des individus. Le tourisme, comme antidote à la solitude, motive bien des comportements de voyage. Certains villages de vacances sont synonymes de clubs de rencontres amicales ou amoureuses[11]. »

L'Espace du Possible bénéficie de ce contexte. Il s'inscrit dans l'offre française en matière de loisirs : on peut aller en vacances au Club, chez Maeva ou à l'Espace, entre mille autres possibilités. Je me souviens à cet égard de mes conversations avec la responsable du village de vacances du Club Méditerranée à Agadir. « Aujourd'hui, m'expliquait-elle, les Français veulent bénéficier d'une vraie convivialité. Mais cette demande bute sur le fait qu'ils résistent à l'idée d'être acteurs. Ils sont plutôt exigeants, blasés, stressés. Ils ont peur d'être cambriolés, de se faire piquer leur femme, Dieu sait quoi encore...

11. Cf. *Imaginaire touristique et sociabilités du voyage*, Presses universitaires de France, 1995, p. 36-37. Cette quatrième fonction s'impose dans la mesure où le besoin de réalisation de soi est toujours socialement motivé : il s'effectue, puisqu'il n'existe pas dans ce domaine de critère objectif de jugement, à travers la comparaison avec d'autres personnes de son entourage.

Cela les inhibe complètement. La peur du qu'en-dira-t-on, du jugement d'autrui, les empêche de s'amuser. Alors ils font la fête par procuration : à leur retour de vacances, ils parleront des vacances géniales qu'ont passées leurs enfants ! »

C'est peut-être en contrepoint de ces constats que l'Espace, sur le mode expérimental qui est le sien, a su élaborer des stratégies et des modes de traitement différents – tandis que le Club Méditerranée évoluait vers un système souvent proche de la grande hôtellerie. Il a pu pour cela s'appuyer sur un public motivé. Reste à savoir pourquoi cette réponse constitue un modèle jugé pertinent par un large public.

Le soutien à l'initiative

L'Espace s'est engagé dans une recherche différente. On y propose moins qu'ailleurs toute la palette des fuites : tout l'éventail de ces divertissements où l'on est pris en charge et finalement aussi peu présent qu'actif, de la télévision au circuit organisé. On met l'accent sur les effets de la « société du spectacle ». On offre de vivre plus à son rythme, sans modèle imposé *a priori*. L'Espace s'adresse aux personnes qui entendent participer : rencontrer, créer, inventer leurs journées. Des personnes qui sont à la fois plus impliquées et plus sensibles aux problématiques psychosociales.

Cette disposition heureuse résulte d'un concept : le soutien à l'initiative, relayé par quelques outils de gestion des grands groupes. On propose un cadre, des ressources minimales et on facilite l'initiative. Rien de plus simple, du moins en apparence...

A cela, il convient d'ajouter une ou deux intuitions que les fondateurs de l'Espace et moi-même avons d'emblée partagées. Ainsi, nous pressentions que la dimension « imaginale » de l'existence, cet espace intermédiaire entre le rêve et l'action, allait prendre une importance croissante : de fait, on ne rêve pas impunément, et de moins en moins. Nous devinions aussi que la dimension relationnelle de l'existence, l'expérimentation des relations et l'invention de leur sens, allaient connaître un tournant dans notre société. L'Espace n'a-t-il pas su tirer partie de cette importance croissante de la « socialisation » ?

Inventer sa vie

En encourageant l'initiative de ses résidents, il leur a en tout cas permis de se poser, pour eux-mêmes et avec les autres, une bonne partie des questions qui nous sont devenues essentielles au cours de ce dernier quart de siècle.

Questions

Comment « bronzer intelligent » à un prix accessible ? Comment libérer davantage ce temps « libre » dont le sens risque de se réduire à l'utilisation d'un bouquet satellitaire, d'une carte de la FNAC ou d'accès à une chaîne de cinémas ?

Comment accorder davantage de place à son expérience corporelle et intérieure : l'écouter, la nommer, la prendre pleinement en compte ? Être « mieux dans sa peau » ? Assumer, en somme, cette révolution de l'intime qui fait le bonheur de tant de revues centrées sur le « mieux-être » – et dans laquelle l'Espace a joué un rôle précurseur ?

Comment développer ses aptitudes à la création et à la communication, c'est-à-dire ce potentiel souvent laissé en friche en raison de la simple difficulté initiale à oser ? Et intégrer la complexité des nouvelles corrélations qui se tissent entre travail, loisirs, formation, jeu, valeurs privées et collectives ? Imaginer une structure et une parole capables de contenir et pas simplement de séduire, c'est-à-dire un lien social renouvelé ?

Des réponses en mouvement

Je voudrais expliciter des convictions partagées, en déplier la richesse de sens.

« Il n'y a de récit de voyage, nous rappelle l'écrivain-voyageur Nicolas Bouvier, qu'en tant que second voyage dans la mémoire : si le monde et l'espace sont premiers au désir, c'est le travail dans le langage qui informe l'être en mouvement[12]. » Il s'agit donc d'écrire. De mettre en évidence, dans cette histoire « espacienne », ce qui témoigne d'évolutions sociales en cours. C'est une recherche qui porte sur de nouvelles façons d'habiter le vieil homme, parce que l'Espace implique cette interrogation de nature anthropologique : comment produire davantage d'humanité chez l'homme ?

C'est dire que *L'Espace du Possible* s'adresse, au-delà des « espaciens » associés à cette aventure et à ce qu'elle représente, à toutes les personnes qui s'intéressent à ces évolutions en cours comme aux professionnels du développement personnel et du changement institutionnel ou social. Il concerne tous ceux qui cherchent à apporter leur contribution à de nouvelles façons de vivre ensemble, en ville, dans le couple, dans la famille, pendant les loisirs. Il propose une parole impliquée, la mienne, accompagnée de témoignages et récits d'expérience.

---

12. Phrase citée par Adrien Pasquali dans *Nicolas Bouvier – un galet dans le torrent du monde*, Genève, Zoé, 1996, p. 26.

I. Le laboratoire

Nous naissons, pour ainsi dire, provisoirement, quelque part ; c'est peu à peu que nous composons en nous le lien de notre origine, pour y naître après coup et chaque jour plus définitivement.

Rainer Maria Rilke

Mais enfin, au départ, il n'y a pas grand-chose : du rien, de l'impalpable, du pratiquement immatériel : de l'étendue, de l'extérieur, ce qui est à l'extérieur de nous, ce au milieu de quoi nous nous déplaçons, le milieu ambiant, l'espace alentour.

Georges Perec,
Espèces d'espaces

1. A l'origine : un moteur nommé désir

Deux événements précurseurs

Le congrès de Dauphine

A l'université de Paris IX-Dauphine s'est tenu en mai 1973 un congrès de l'Association internationale de psychologie humaniste (AIPH). Je terminais alors un diplôme d'études approfondies (DEA) en gestion et psychosociologie. Entre pragmatisme à l'américaine et philosophie existentielle européenne, j'y ai découvert la psychologie humaniste. J'étais sensible à cette démarche, étant alors à la recherche d'un mieux vivre applicable à notre vie quotidienne – artistique, économique et psychologique.

Les praticiens de ce congrès rompaient avec la tradition tayloriste pour laquelle l'individu est seulement un facteur passif d'une organisation. Ils voulaient démontrer l'influence réciproque individus-environnement, valorisaient l'expérience et le potentiel de chacun. Ces chercheurs sortaient de leur tour d'ivoire, exposaient leurs approches théoriques avec plus de corps, et de cœur, que ce qu'il m'avait été donné de voir jusqu'alors. Leur démarche visait à vivre plus librement et de façon plus engagée, tant dans le domaine professionnel que dans le cadre de leur vie privée. Je me percevais alors comme quelqu'un de réservé, de peu relié à ses émotions propres : il y avait là quelque chose qui bouleversait ma conception du monde.

Je ne percevais encore ni la dimension légèrement « spectaculaire » des démarches de la psychologie humaniste ni leur manque de sens de la complexité. L'approche était en tout cas séduisante. Elle donnait envie de se risquer, d'être davantage auteur et acteur de son existence.

Les théories m'interpellent quand elles s'appliquent. De ce point de vue, la psychologie humaniste systématise un processus en trois phases, qui se trouve mis en œuvre aussi bien chez Freud que chez les cognitivistes. Phase d'implication d'abord : lâcher prise (laisser venir, accepter son histoire, son imaginaire, l'inattendu). Phase de distanciation ensuite : observer ce qui se passe dans le réel. Phase d'action enfin : intervenir (créer, modifier). Imaginez-vous par exemple en situation de groupe, dans un atelier de philosophie ou au cours d'un repas de famille où vous vous sentez mal à l'aise. Vous pouvez fuir en rêvassant, ou bien rendre le monde extérieur responsable de votre état. Si vous acceptez en revanche de considérer que ce que vous ressentez vient de vous (ce que la psychologie humaniste appelle se rendre responsable de ses émotions), si vous observez la situation et cherchez la bonne façon d'y intervenir, alors vous élargissez considérablement votre champ des possibles. Vous vous engagez dans une dynamique de changement, pour vous-même et pour les autres. Car cette attitude qui rompt avec la passivité a en outre des vertus d'entraînement : elle permet à autrui de s'impliquer à son tour. Si chacun peut acquérir une autonomie suffisante pour disposer de sa propre stratégie dans le groupe, le système antérieur s'en voit déplacé, par le jeu des interactions singulières.

Le congrès abordait autrement à la fois l'individu, les groupes et le changement. Au lieu de s'en tenir à un discours théorique, les conférenciers proposaient d'expérimenter directement leurs techniques. La psychologie humaniste rompait ainsi avec l'enseignement universitaire, peu conçu pour donner envie d'entreprendre sa vie. L'enjeu était d'articuler notre désir de liberté aux conditions de la réalité : de développer notre *awareness* – notre conscience des différents aspects de la vie pratico-pratique – avec les proches comme vis-à-vis des obligations de toutes sortes, de façon à transformer cette vie au lieu de la subir. « L'art de vivre, nous rappelle Abraham Moles, repose non plus sur la recherche de la liberté absolue, mais sur celle de petites libertés interstitielles, relatives, empiriques, vécues au jour le jour[1]. »

En contrepoint de la société policée où chacun doit montrer patte blanche, il est donc possible de définir un espace interstitiel qui est celui de l'interaction intime. En général, on a tendance à surévaluer les contraintes, sans exercer la liberté dont on dispose. Si l'on convoque ses véritables passions, on découvre qu'il existe toujours une petite porte de derrière, par laquelle il est possible de passer. De même à l'Espace, il nous a paru précieux de mettre l'accent moins sur un programme d'activités que sur les passions à partager. Cette pédagogie renforce la spontanéité pour remédier aux inhibitions mises en place par une éducation normative. Il ne s'agit ni de nier les compétences, ni les standards, mais de favoriser les interactions à partir d'un élan personnel initial. Si les circonstances entraînent le changement, pourquoi ne pas les provoquer ? C'est ce que suggère, vingt-cinq ans plus

---

1. Cité par Michel Maffesoli, in *L'instant éternel*, Denoël, 2000.

tard, Jacques Païtra : « Les comportements autonomes peuvent se développer grâce à un cadre social qui les favorise au lieu de les brider dans des règles morales[2]. »

Le collège anglais d'Arundel

Le congrès de l'AIPH m'avait apporté un avant-goût de techniques comme la bioénergie, la Gestalt-thérapie ou encore l'analyse transactionnelle. J'y appris par ailleurs l'existence d'une « université d'été » organisée à Arundel, près de Brighton, dans le sud de l'Angleterre, par Eve Godfrey. Cette psychosociologue anglaise avait introduit la bioénergie en France dès 1971. Elle organisait en Europe, au début des années 70, des rencontres internationales autour des techniques de la psychologie humaniste.

C'est à l'université d'Arundel que je fis une seconde découverte. Les intervenants y animaient d'une façon programmée à l'avance des activités de « développement personnel ». Mais il était en outre possible aux participants de se lancer dans l'animation et de proposer eux-mêmes des initiatives[3]. Révélation ! A Arundel, je me « lâchai » donc pour la première fois en proposant un atelier à base de techniques de relaxation et de visualisation que je pratiquais personnellement. Pendant cinq jours, quinze personnes y ont assisté : il avait suffi que je note sur un panneau mon nom et mon projet d'activité, assortis d'un horaire et d'un lieu.

Cette ouverture à l'initiative tranchait avec les habitudes. En général, avant même de pouvoir se lancer, chacun doit donner toutes sortes de garanties – diplômes,

---

2. Cf. *La société de l'autonomie*, Éditions d'Organisation, 2000.

3. 10 % environ des interventions proposées à Arundel provenaient des participants. Aujourd'hui, à l'Espace, c'est environ la moitié des activités qui est assurée de cette façon.

légitimité institutionnelle – qui sont parfois, du reste, plus apparentes que réelles ! Là, il était possible de proposer l'activité de son choix en ouvrant librement « boutique », en trouvant éventuellement, au pied levé, des co-animateurs. Il s'agissait de s'autoriser, non d'être autorisé et garanti de l'extérieur. Ce n'était pas facile pour autant, car un public averti n'est jamais acquis *a priori*.

Un Arundel à la française ?

Les précurseurs de la psychologie humaniste étaient nord-américains : je partis donc deux ans au Canada et aux États-Unis, entre 1974 et 1976, pour me former à leurs techniques. Je lus Carl Rogers et Wilhelm Reich, rencontrai Alexander Lowen.

Dès 1974, j'avais organisé une réunion avec une vingtaine de personnes, dans l'idée de créer un lieu d'échanges et d'expérimentation sur le modèle d'Arundel. L'idée avait reçu un accueil sympathique. Personne en revanche n'était prêt à s'investir, ni personnellement, ni financièrement.

Ce n'est donc qu'en 1976, après le dépôt du projet de camping lié au plan d'occupation des sols de Meschers, qu'une l'idée m'effleura : n'avais-je pas désormais un lieu et des ressources ?

Moteur !

Savez-vous planter des clous de 20 cm ?

J'ai alors rassemblé les soutiens nécessaires. Une amie, Jacqueline Barbin, se lance avec moi dans l'aventure. D'autres, progressivement, nous rejoignent. Ma mère, propriétaire du terrain, contracte un prêt bancaire pour construire les installations de base du camping – il s'agit dorénavant d'être pragmatique : de continuer à rêver, mais sérieusement.

Je me rends compte alors que le projet réactive en moi une curiosité ancienne pour la façon dont les choses naissent, un goût pour l'organisation, la technique, l'affrontement avec la réalité. Je me souviens de mon parrain, Michel, racontant les opérations qu'il dirigeait lorsqu'il lui fallait se débrouiller pour faire surgir l'université de Vincennes du sol en quelques mois. J'en avais gardé cette idée, que la réussite d'un projet supposait de l'audace, une vision, mais aussi le sens de la planification ! L'habileté, en somme, servant de lien entre le pouvoir et l'imagination.

Il suffit d'un bref séjour, lors des vacances de Pâques 1977, pour lancer l'opération. A une dizaine, nous montons des structures légères, en bois – le collège arundélien est loin : ce printemps-là j'apprends même à planter des clous de 20 cm –, et nous prenons possession des lieux en baptisant les principaux emplacements : ainsi apparaissent le Mont-de-Vénus, les Bermudes, l'Acacia, la Montagne... La décision est prise d'ouvrir dès l'été.

En juin, une cuisine est construite, baptisée La Tartine. Il y règne une austère économie de moyens : une cabane, avec sol de terre battue, trois cuisinières, des feux de lessiveuse au butane, un point d'eau froide à l'extérieur. Nous mangeons par terre et, sur la pente qui descend vers la prairie, c'est le pique-nique permanent. Nous aménageons les lieux. La question de l'eau est réglée en une journée d'intense mobilisation ! Nous prévoyons huit permanents et des bénévoles pour le reste.

L'ouverture

Ce n'est pas le VVF – dont tout l'équipement est fourni par les Caisses d'allocations familiales ! Néanmoins, la nouvelle de l'ouverture se répand comme une traînée de poudre dans le milieu de la psychologie humaniste qui fournit l'essentiel du contingent initial. Au cours de l'été, les quelque 200 participants sont organisés en équipes de semaines. Tout fonctionne sur la base du : « On avance, on verra bien ! » Le chemin s'invente en marchant, les courses sont faites chaque jour, aucun résultat n'est garanti par contrat. Les aventuriers ne peuvent compter que sur les moyens de base qui leur sont fournis, et sur leur propre envie d'entreprendre. Comme une scène de théâtre, le lieu est à investir : le décor est superbe – treize hectares de nature vallonnée et arborée à proximité de la mer et de ses falaises –, les spots sont là, il y a quelques costumes, quelques objets dépareillés, mais rien ne peut se passer tant que les spectateurs ne décident pas de prendre le risque de se produire et de devenir acteurs. La pièce est à écrire, les rôles à (re)distribuer : qui propose quoi ?

Vous croyez à je ne sais quelle « robinsonnade » ? Certes, l'entreprise présentait un côté, non pas école buissonnière, mais exploration en zone franche. Pour un enfant, l'instant le plus secrètement, le plus richement formateur n'est-il pas celui, bref mais étincelant de liberté, au cours duquel il échappe à sa famille comme à l'école, parce qu'il est sur le chemin de l'école ? De même, nous avions tous le sentiment de vivre une occasion exceptionnelle. Le plaisir intense associé à la création de l'Espace nous renvoyait à une sorte d'adolescence enfin vécue. C'était le droit à « l'irresponsabilité limitée ». Chacun pouvait suivre son rythme, son humeur, éviter les carcans. Il était possible de participer à une culture sans avoir de rôle social officiel. Possible de partager même de l'inachèvement, de tâtonner, de s'essayer, d'expérimenter des bouts d'identités provisoires, de s'entraîner réciproquement dans des logiques de création et de conviction partagées. C'est, d'un coup, l'âge des copains d'abord : on part à quelques-uns, comme des rois, on crée une tribu sur un bout de Côte sauvage, sans contraintes ni horaires. Ces amitiés-là durent encore.

N'empêche. Si je reprends la métaphore de l'île, nous n'étions pas dans le dénuement de Robinson. Si je nous compare aux protagonistes de *L'Ile mystérieuse*, cette version de Robinson Crusoé réécrite par Jules Verne au début de la IIIe République, il est clair que nous étions mieux partis : installés sur le continent, plus nombreux, dotés surtout d'une autre philosophie que la leur. Eux pensaient que la science et la morale, européennes, leur permettraient de « triompher des forces aveugles de la nature » (le lexique est d'époque). Nous avions, nous aussi, notre idée forte, ou plutôt notre « concept opératoire » (autre lexique d'époque).

Oser

« Je propose »

Pour éviter les clivages entre décisions et actions, nous disposions d'une formule cardinale : « Que proposes-tu ? » Autrement dit : « Cette semaine vous appartient, que voulez-vous en faire ? » Nous disposions d'un centre de vacances vide de ses repères habituels, de tout programme préconçu. A chacun donc de se projeter, à partir de ce vide faisant appel.

C'est l'idée de l'expérimentation, dont le cabinet Actudes montre qu'elle constitue une dimension essentielle de l'intérêt que présente l'Espace pour plus de 80 % des personnes interviewées. Cette démarche permet l'éclosion d'une authentique pépinière de projets. « Que proposes-tu ? » resitue en effet chacun dans son désir, dans son parcours, dans la diversité parfois contradictoire de ses tâtonnements. Il s'agit de permettre aux projets individuels de s'exprimer, grâce aux outils de la créativité et de la relation d'aide. Un projet ne doit-il pas d'abord être écouté comme un rêve, avant d'être entendu comme une réalisation possible ?

L'Espace a conservé cet aspect de force de proposition. Celui qui vient de poser la question « Que proposes-tu ? » se mue immédiatement en « écoutant » : « Présente ton projet, je peux t'aider à réfléchir, à préciser ou clarifier, à imaginer la façon de le mettre en place, la stratégie nécessaire au rassemblement des personnes et des moyens. Chacun ainsi pourra se rallier ou non à ton idée. » Dans notre esprit, et ceci dès le départ, il ne s'agissait nullement de spontanéisme, mais d'une stratégie d'animation.

Le « Je propose » permet ainsi à la fois la proximité et la séparation. Il est possible d'écouter un projet et de contribuer à son éclosion sans pour autant s'engager dans une démarche d'adhésion active. Il ne s'agit nullement de fusion communautaire – un pour tous, tous pour un –, mais d'une aide à l'affirmation d'une singularité. L'individu responsable est ainsi au cœur du processus, et le collectif émerge comme regroupement des projets individuels, selon une logique qui renvoie à l'idée que Tocqueville se faisait de la démocratie : c'est à partir des individualités que se constitue le groupe. La régulation le plus souvent est automatique : si quelqu'un développe un projet correspondant à un intérêt trop strictement personnel, il fait le vide autour de lui.

L'incitation

Le cadre matériel élémentaire (sécurité, repas, organisation) repose sur une poignée de responsables à l'écoute des projets. Leur posture consiste à se mettre à la place de l'autre, à donner de l'information, à faire l'intermédiaire entre personnes et projets. C'est un rôle de *leader* si l'on veut, mais en creux. Le désir des personnes y compte davantage que les éléments d'organisation. L'autre est moteur. S'il émet une suggestion, nous ne lui répondons pas : « Pourquoi ? », mais « Pourquoi pas ? Comment entends-tu t'y prendre ? » L'écoute active adoucit l'angoisse des premiers pas. Le désir est pris au bond, le rendez-vous nécessaire fixé. Le contrat établi est le plus souvent oral, simple et ponctuel (on est en vacances). Il s'agit aussi de prendre en compte la sécurité, l'argent, les rangements. Le rôle de l'Espace en somme, ici, est celui d'un commis-voyageur du désir d'autrui.

Dans son *Frankenstein pédagogue*[4], Philippe Meyrieu préconise une institution au service de l'imprévisible afin de mieux accueillir l'inspiration formatrice. A l'Espace, nous essayons de développer une dynamique de ce genre. Le flou y est accepté dans un premier temps, car il est synonyme d'éclosions nouvelles. L'imprévu y est perçu comme une opportunité et une étape dans un système à ordre dynamique. Vous connaissez peut-être l'anecdote que rapporte Gilles Clément, créateur à Paris des jardins en mouvement ? « Un jardinier coupait tout ensemble fleurs fanées et fraîches. Il les entassait dans une brouette pour les jeter. « Pourquoi coupez-vous les fleurs en bon état ? », dit un passant. « Je m'avance, monsieur ! » Ce geste anodin a plus de conséquence qu'on ne l'imagine, précise Clément. Supprimer la cause supprime l'effet, mais supprimer les fleurs fanées ne signifie pas simplement rendre propre. Cela signifie aussi supprimer les fruits, donc les graines : qui génèrent un ordre dynamique, porteur de jardin inconnu[5].

---

4. ESF, Paris, 1996.
5. Cf. Gilles Clément, *Le jardin en mouvement*, Sens et Tonka, 1997.

Le nom de l'Espace

Chaque nom de lieu, dans ce jardin particulier qu'est l'Espace, est chargé de significations. Il en va *a fortiori* de même avec le nom même de l'Espace du Possible, oxymoron qui allie le virtuel du possible et le certain de l'espace.

Ce terrain était un terrain d'aventure ouvert à nos initiatives, une *terra* partiellement *incognita*, une « belle au bois dormant », comme le disent les cartographes, des zones inexplorées qu'ensemble nous allions réveiller. Pour le terme « possible », il était approprié. Il correspondait d'ailleurs à l'un des principaux acquis de la psychosociologie américaine, illustré notamment par un Kurt Lewin.

Ce psychologue de l'école de Berlin, qui émigra aux États-Unis dès 1930, a transposé dans l'étude des groupes les principes de la psychologie de la forme : nos perceptions et nos habitudes seraient liées à des structures (organisations ou réorganisations de sensations et de souvenirs). Lewin explique semblablement l'action individuelle à partir de la structure dynamique qui s'établit entre le sujet et son environnement, et l'influence de la psychologie sociale expérimentale, américaine, conduira ses travaux vers l'analyse de la dynamique des groupes et vers l'analyse des conditions du changement. C'est donc toute l'ouverture aux possibles qui focalise ses travaux.

Son influence, considérable jusqu'en 1955 environ, a ensuite été relayée par celle de Carl Rogers. Pour ce dernier, le groupe le plus efficace est celui qui dispose de la plus large marge de manœuvre pour choisir ses finalités, et cette efficacité est renforcée si des spécialistes aident le groupe à maturer.

La dynamique de groupes suggère ainsi une signification psychosociologique du nom de l'Espace. Elle nous a surtout donné quelques éléments de compréhension absolument essentiels pour la gestion des grands groupes[6].

6. Voir l'encadré page suivante qui propose un éclairage ou un approfondissement du thème suggéré, en général tiré de l'une des nombreuses interviews réalisées auprès de participants de l'Espace du Possible. Elles suggèrent ainsi d'autres points de vue que le mien, d'autant plus intéressants qu'ils sont nourris par des compétences professionnelles spécifiques.

1. Inquiétant grand groupe !

L'entrée dans un groupe quel qu'il soit présente toujours quelques difficultés. Il faut s'approprier le code d'accès. L'effet est un tantinet déstabilisant. Cette activité relationnelle intense stresse le nouveau venu. Le phénomène s'observe dans tous les grands groupes.

C'est pourquoi l'accueil est indispensable. Il permet un pilotage initial des personnes qui, ensuite, trouvent peu à peu, à leur rythme, leurs propres repères. D'une part sur le registre du grand groupe, de la vie collective : sur ce point, les règles de respect de l'autre et de bonne conduite sont de plus en plus prégnantes à l'Espace. Et puis aussi sur le registre des petits groupes, des activités en atelier : là, c'est l'animateur, ou « proposant », qui doit se montrer capable d'accueillir chacun et dans la fermeté et dans l'ouverture à la parole. C'est important, puisque ce sont les proposants qui animent la semaine à l'intérieur de l'Espace.

C'est une partie du travail plus général de l'accueil, qui doit commencer dès l'arrivée, à la gare – on va souvent y chercher les gens –, pour que les arrivants, qui débarquent dans un lieu inconnu, où règnent des codes inconnus, se rassurent. Ensuite, la même sécurité doit être assurée à l'intérieur de chaque groupe d'activité. Et là, on retrouve des règles constitutives de la vie des groupes restreints, qui sont maintenant bien connues : respect d'autrui, confidentialité, non-passage à l'acte notamment.

Mais toute intégration demande du temps. Elle repose sur une démarche individuelle. Comme partout : si on aborde un grand groupe, il faut *oser*. Évidemment, on peut être pris en charge, aller dans un club et attendre que ça se passe... A l'Espace, les gens s'abordent naturellement. En peu de temps quelque chose de la vie s'échange. D'une année sur l'autre, on se retrouve comme si on s'était quitté la veille, sans en passer par les étapes qui règlent les relations dans la vie sociale habituelle. Cela relève d'une grande réceptivité féminine peut-être. L'échange se fait très vite au-delà du conventionnel ou du superficiel.

Les règles ne disparaissent pas pour autant. Mais entre la rigidité menaçante et le laxisme que l'Espace affectionnait dans les débuts, il faut l'admettre – comme s'il avait été le terrain particulier d'une bande d'ados voulant essayer tous les émerveillements –, on peut imaginer une forme de rigueur, alliant le respect des règles et du même coup un espace de confiance, ouvrant à la parole, à l'élaboration, à la pensée. L'Espace approche de l'âge adulte, il intègre les règles, après avoir connu aussi bien la permissivité que les tentations du retour à l'ordre, exactement comme la société qui nous entoure : à lui d'imaginer, entre besoin de liberté et nécessité des règles, quelque chose d'original !

Claude Grech,
enseignant et psychologue clinicien

2. Éloge du pragmatisme

La matrice

Euphorie ordinaire ?

Je ne suis pas dupe de l'imaginaire alors hyperactif dans notre entreprise. Notre perception, intuitive, s'est affirmée grâce à la lecture d'ouvrages de sociologie du tourisme. Rachid Amirou, en particulier, met en évidence la façon dont les lieux de villégiature engendrent une sorte d'« ambivalence comportementale » caractérisée par une tension entre deux dimensions antagonistes. La première, élitaire, est référée à la façon dont tout « village de vacances » risque de réinventer la société de Cour et ses petites ou grandes batailles de distinction sociale. La seconde, plus égalitaire, est passablement festive et transgressive : Amirou la relie de façon convaincante à la tradition des pèlerinages religieux[1].

La perception de cette ambivalence permet de rendre compte des aspects les plus transgressifs et ludiques de la vie en village de vacances. Il s'agit de passer, grâce à

1. Cf. R. Amirou, *Imaginaire touristique et sociabilités du voyage*, PUF, 1995, p. 55-56.

divers rites, de la société ordinaire à une sorte de communauté idéale fantasmée. Le jeu repose pour une part sur un imaginaire de rupture radicale avec l'environnement. C'est lui qui crée cette « bulle touristique » que la thématique de l'île – toutes les îles, réelles et rêvées – spatialise à merveille. Il présente aussi une dimension relationnelle : chacun, dans le « village », se re-socialise sur un mode ludique, et s'approprie les valeurs collectives de la micro-société.

Vivions-nous donc dans l'euphorie, sans le savoir, l'aventure banale du bonheur touristique, avec sa dose d'insularité fantasmatique ? Pas exactement, et c'est pourquoi sans doute l'Espace n'est pas devenu un village de vacances comme les autres. Le désir d'expérimentation était trop actif chez la plupart des participants. C'est là, aussi, qu'intervient mon propre pragmatisme, quasi constitutif. J'aurais aimé être un artiste. Je suis devenu un gestionnaire d'infrastructure touristique, responsable de centaines de repas quotidiens, de plantations, d'une comptabilité, mais aussi un organisateur de l'imaginaire. Pragmatique, entouré de quelques personnes estimant comme moi que la gestion ne doit pas constituer un obstacle à l'initiative, mais être rendue compatible avec l'imaginaire.

Notre enthousiasme a été relayé par trois outils facilitant l'auto-organisation des grands groupes : l'assemblée générale, le service collectif hebdomadaire, les panneaux. D'une grande simplicité, ils constituent aujourd'hui encore la matrice de base de l'Espace du Possible.

L'assemblée générale

Le nouveau venu est accueilli à partir du samedi matin par des bénévoles de l'équipe d'accueil. Le même jour a lieu l'assemblée générale hebdomadaire.

Son rôle est fondamental. En deux heures, autour de l'équipe des responsables de l'organisation, toute la vie de l'Espace pour la semaine qui commence est structurée. La participation de chacun est stimulée et élaborée au cours d'un travail en sous-groupes : autour d'un verre, chacun reçoit un document représentant un trèfle à quatre feuilles ou une boussole, avec ses quatre grands azimuts : autorisation, communication, intériorité, techniques. Après réflexion – où en est-il, que souhaite-t-il faire de son séjour ? –, le nouvel arrivant se présente, exprime ses attentes, énonce les offres ou demandes qu'il souhaite voir relayées par le rapporteur du groupe. Au cours de l'assemblée générale, les questions en suspens trouvent leurs réponses, les offres et demandes improvisées rencontrent ou ne rencontrent pas leurs offreurs ou demandeurs. Chacun s'inscrit en outre pour les tâches matérielles auxquelles il se propose de contribuer. Les quelque cinquante activités de la semaine, enfin, sont présentées par les proposants et les inscriptions prises.

C'est là, aussi, que sont rappelés les principes de base du fonctionnement, notamment le rôle fondamental de l'implication et de l'initiative de chacun.

Les quatre heures

Les équipes sont organisées sur la base d'un service collectif de quatre heures, dû par chaque « espacien ». Ce service se trouve étonnamment plébiscité (à 85 % environ) et 94 % des résidents l'ont effectué en 2000 au lieu de s'en faire dispenser. Maurice Piau, président de l'association Espace, témoigne de leur importance pour le fonctionnement et l'évolution de l'Espace :

> Je faisais mes cinq heures à la barrière et nous regardions les étoiles ; c'était devenu très agréable, me raconte pour sa part Alfonso. Ce n'est évidemment pas l'un des

postes les plus éreintants, mais il n'est pas non plus des plus enrichissants. Pendant plusieurs années, les tâches n'ont pas varié (plonge, cuisine, poubelles, nettoyage des blocs, etc.). Puis de nouvelles problématiques sont apparues, à l'initiative d'« espaciens » soucieux d'améliorer le fonctionnement général. Les espaces verts en sont un exemple, qui occupent aujourd'hui près d'une dizaine de personnes chaque semaine. Certaines circonstances exceptionnelles permettent même de mettre en valeur des capacités inattendues, comme celle de Claire, à l'occasion de la fête organisée pour les vingt ans de l'Espace : elle avait les qualifications nécessaires pour organiser un vrai feu d'artifice ! Mais les petits soucis, et les souvenirs mitigés sont aussi un lot fréquent. « Mon plus mauvais souvenir de l'Espace ? s'exclame Xavier. Le service du petit déjeuner avec une femme qui s'était déclarée sergent-chef ! » Le principal antidote est unanimement repéré et salué : le service, si obligatoire qu'il soit, est un moment fabuleux pour faire d'authentiques rencontres !

Ce service, de six heures à l'origine, a été progressivement ramené à quatre heures. Il demeure une contribution essentielle au bon fonctionnement de l'Espace. Dès la première année, il était clair que les huit permanents prévus ne pouvaient suffire à faire fonctionner le centre. Il était hors de question de recruter des salariés supplémentaires... et de demander des frais de séjour dignes d'un trois étoiles. Nous manquions de cuisiniers, de plongeurs, de bricoleurs : les participants se sont donc ajoutés aux permanents, se révélant parfois aussi efficaces qu'eux. Il suffisait de leur faire confiance.

Et c'est bien de cette façon que l'Espace a pu fonctionner, trouvant semaine après semaine son équipe de cuisine, son équipe d'entretien, son équipe poubelles, son équipe enfants, etc. Chaque équipe centralise et note les informations susceptibles d'être utiles à l'équipe de la semaine suivante. La collaboration se fait sur la base du volontariat, mais aussi de la compétence. Pourtant, les tâches ne sont guère spécialisées. Et c'est ainsi que Claude Camilli, masseur de renom, monta un réseau de distribution de gaz à sept heures du matin avant son atelier de massage. Surprise des participants : « Mais c'est le plombier ! »

Le Seigneur des panneaux

Les panneaux permettent à chacun de connaître « les rendez-vous du jour » et de faire ses choix. Ils sont situés « dans la prairie », au creux des collines qui balisent le territoire espacien, et constituent un lieu de convergence spontanée aussi attractif que les tables où sont pris les repas. A l'origine, ils étaient très simples, comme celui-ci :

Heure	**Proposition**	**Où ?**	**Qui ?**
9 h	Gym naturelle	Mt-de-Vénus	José
10 h	Menuiserie	Prairie	Marie
11 h	Bioénergie douce	Mt-de-Vénus	Yves
	Groupe de conscience (hommes et femmes)	Prairie	Hélène
13 h	Réunion d'organisation	Près de la cuisine	Bertrand
14 h	Massage utilisant les points d'acupuncture	Ventre	David
	Départ pour la plage	Caravane	Lise et Tom
16 h	Communication corporelle et vidéo	Montagne	Jacques P.
	Exercices et jeux vocaux	Prairie	Jacques F.
18 h	Volley adolescents	Prairie	
	Méditation dynamique	Ventre	Amanda
21 h	Danses folkloriques	Prairie	Marie

Ils se sont considérablement complexifiés au fil des ans. Certaines semaines, c'est plus de quatre-vingts activités qui sont proposées pour la même journée – elles peuvent du reste être très ponctuelles, ne concernant que deux ou trois personnes : qui veut aller faire des courses à Royan, ou un peu de conversation allemande ?

Leur conception et leur tenue relèvent des prestations bénévoles de quatre heures. Elles sont bien résumées par le témoignage de Robert :

> Je souhaitais me centrer sur une seule fonction, et j'ai choisi pendant des années celle de responsable des panneaux. Ce n'est pas une tâche purement matérielle. Tout y fait l'objet de réflexions : la distance entre les jours, celle (variable selon le nombre prévisible de propositions) entre les heures, les codes de couleur utilisés. Un formateur de vendeurs m'a énormément aidé dans ce domaine. C'est une tâche relationnelle et créative. Elle amène le responsable à signaler, par exemple, qu'une proposition est mal définie ou qu'une salle est déjà occupée. Le responsable des panneaux a ainsi un rôle de médiateur. Il a la liberté de créer des rubriques, comme « Demandes, désirs, délices », « Taxi-stop », « Objets perdus, objets trouvés, baisers volés ». J'ai relégué au verso des panneaux toutes les informations relatives aux activités des proposants pendant l'année. Il fallait veiller à ce que l'information ne dégénère pas en une autopromotion envahissante. La fonction a pris de l'importance lorsque l'attribution des salles a fait l'objet d'une discussion à la réunion des proposants du dimanche matin : j'ai parfois été amené à jouer un rôle de régulation. C'est à ce moment-là que l'on a commencé à parler du Seigneur des (p)anneaux !

Dès le début des années 80, un des grands succès de l'Espace est la variété extraordinaire des groupes proposés : groupes de conscience, séances de développement personnel, activités artisanales, ateliers de massage et fêtes nocturnes. Cette tendance s'est affirmée. « Au cours de la première année, observe Patrick Michaud, psychanalyste et espacien notoire, le groupe est resté d'abord assez compact, puis, progressivement, se sont constitués des groupes de développement personnel et des groupes de création, auxquels s'ajoutèrent un nombre incalculable de réunions car tout était matière à discussion : les relations hommes-femmes, les enfants, la séduction, l'organisation. »

Aujourd'hui, chaque semaine, trente ou cinquante propositions sont affichées, dont la nature a peu à peu évolué. Ce qui ne change pas, c'est la possibilité, pour chacun, d'utiliser les panneaux. Il peut prendre l'initiative de choisir ou de créer l'activité de son choix. Celui qui propose devient à son tour responsable et organisateur de son atelier, chaque participant conservant la faculté d'y venir, d'y rester ou de le quitter.

Le fonctionnement visé est différent de celui des groupes centralisés et hiérarchiques traditionnels. Plus léger en tout cas, il relève de l'auto-organisation (certains parlent d'autogestion, mais à tort : le groupe décide seulement des activités). Appliquée à cet objet, l'idée n'est pas radicalement neuve. Elle était présente à Arundel, où il s'agissait de stimuler la formation de groupes, au-delà des animations préprogrammées des intervenants dotés par avance d'une légitimité et d'une autorité parfois inhibantes. Le principe est simple : il faut et il suffit qu'un nombre minimal de personnes mues par le même désir ou le même projet se retrouvent ensemble, à telle heure et en tel lieu.

Une génération en recyclage

Le deuil des utopies

« Les premières années, se souvient Patrick Michaud, la population espacienne était très diversifiée. Beaucoup avaient participé à des groupes de psychologie humaniste, certains venaient du gauchisme, d'autres avaient été marqués par les communautés. C'est le mélange de ces multiples courants qui a produit l'Espace pendant une dizaine d'années. Les militants puis les tenants des thérapies psychocorporelles disparurent peu à peu. Parallèlement, une tendance forte se dessinait, orientée à la fois vers le développement personnel, les activités corporelles et la création. »

Un grand nombre d'entre nous n'avait pas fait ce que Françoise Champion nomme « le deuil de toutes les espérances utopiques, de tout espoir de changement social global[2] ». Nous évoquions cette idée selon laquelle « c'est en se transformant qu'on transforme le monde ». Prévalait à l'Espace une atmosphère d'écoute et de respect des différences, qui rendait aisés, autant l'expression de ses croyances et de ses espoirs, que l'apprentissage, progressif, de déplacement des points de vue. Le contexte, élargi, rendait possible le débat, la confrontation, ou, plus simplement, l'accès à des informations et à des prises de position contradictoires.

L'Espace devint ainsi un facteur d'ouverture et d'indépendance d'esprit. L'accompagnement pratiqué permet depuis le début de participer à un foisonnement d'initiatives et de suggestions. L'Espace a toujours fonctionné comme une surface de projection pour les idées de l'époque. Chacun y trouve un écran pour son histoire, ses désirs, ses débats intimes, qu'il soit athée ou en quête de spiritualité, politisé ou en attente de culture, sûr de lui, en recherche ou tout simplement en demande de rencontres, de fêtes et de jeux.

---

2. Cf. *Sciences humaines* n° 106, « Thérapies et nouvelles spiritualités ».

2. Un foisonnement d'initiatives : le Petit Café

Dans les premières années de l'Espace, comme beaucoup d'autres, je venais y passer quatre semaines entières, un moment suffisamment long pour se retrouver. On prenait l'apéritif chez les uns et les autres, et à tant s'inviter les « apéros » finissaient par devenir énormes, à plus de trente, et il devenait impossible de les gérer convenablement. C'est à ce moment-là que nous avons eu l'idée du Petit Café. Nous avons voulu faire un apéritif pour tout le monde, mais en allant au-delà de la simple distribution de boissons, en créant un endroit vraiment chaud.

Près de la caravane, la seule à l'époque, peinte par Jéronaton, nous avons installé quelques tables et des nappes à même le sol. Pas de comptoir de bar, pour se rafraîchir, il fallait passer par les serveurs. Les organisateurs, tels des garçons de café, venaient prendre les commandes et repartaient servir la limonade. Nous cherchions l'ambiance du petit troquet, être à table, boire un coup et parler ensemble. Les consommations étaient à prix coûtant, tout avait été calculé, la dose du pineau, du communard, etc. Ouverture à six heures du soir afin de limiter la file d'attente au restaurant. Pour ajouter une note rigolote, nous avions recruté des musiciens. Installés sur une charrette, tel un petit orchestre champêtre, ils étaient là avec leurs accordéons diatoniques. Pour les faire venir, nous leur offrions la boisson. Des messagères, autant de petits facteurs du cœur, allaient panier à la main, proposer à chacun de transmettre le petit mot qu'on aurait bien écrit mais qu'on n'osait pas donner.

Nous avons travaillé comme des fous. Servir avec cet état d'esprit n'était pas si facile ; certains en avaient assez d'attendre et voulaient se verser à boire directement, mais nous avons tenu bon. Nous avons vraiment été féroces pour conserver l'état d'esprit.

Le principe est simple : une ambiance est là, si on lâche sur les règles de fonctionnement ça se transforme en débit de boisson sans intérêt. Le Petit Café a tenu comme cela pendant deux saisons.

Patrick Michaud, psychanalyste

A cette époque, diverses questions se posaient à moi. Comment attirer à l'Espace des gens créateurs de contexte, capables de s'impliquer et d'ouvrir un espace riche d'échanges, « riche de l'autre » selon la belle formule d'Augustin Berque ? Comment développer une aire d'hospitalité, et en même temps une aire ludique, pour faire se rencontrer personnes et compétences ? Comment valoriser les émotions et l'ancrage dans le corps, développer des relations de partenariat à rebours des jeux dominant/dominé ? Comment la créativité en vacances pouvait-elle permettre d'apprendre à réenchanter le monde au quotidien ?

Les solutions ne pouvaient se réduire ni à des concepts, ni à des ajustements de structure psychologique. Elles impliquaient pour chacun de véritables changements.

Vivre autrement

L'accompagnement pratiqué à l'Espace constituait un formidable appel d'air. Il stimulait l'envie que chacun a de s'inventer d'autres formes de vie. Tout cela, certes, avait lieu dans un contexte de vacances, n'était exportable qu'à travers une logique de réseau. Mais en tout cas, il s'agissait de revenir à soi, d'expérimenter, en partant de ses émotions. Certains, mus par un authentique « devoir de curiosité », se sont donc mis à oser le théâtre-action, les ateliers d'écriture, les clubs lecture, ou l'écologie politique ! C'est tout un changement d'état d'esprit qui s'est peu à peu mis en scène. Si un participant souhaitait partager une émotion, il était invité, au-delà de toute « prise de parole » rationnelle et argumentée, à venir se placer au centre du groupe pour l'exprimer, puis à l'exagérer. Le groupe avait pour fonction, par son effet miroir, de l'y autoriser.

Les risques de l'illusion groupale

La valeur est donc située dans une recherche de coïncidence entre émotion et parole, entre discours et expérience au quotidien.

Cette ferveur se payait d'une certaine illusion groupale : la croyance dans le caractère immédiat du changement, comme si une émotion intensément ressentie dans l'instant suffisait à modifier des comportements très inscrits, dans les trajectoires généalogiques, individuelles et sociales, dans l'inconscient. L'Espace en ses débuts est influencé par le présupposé permissif de Jean-Jacques Rousseau, repris notamment par Frederick Perls, fondateur de la « Gestalt-therapie[3] » : « L'homme est bon, c'est la société qui le corrompt. » Dans l'air du temps flotte l'idée selon laquelle il faut débloquer les individus et leur potentiel de croissance personnelle, en les libérant notamment des contraintes de l'éducation. Permettre la satisfaction des besoins doit donner mécaniquement accès à ce potentiel de croissance.

Il est clair qu'aujourd'hui la perte des référents sociaux et l'aggravation des contraintes économiques, conjuguées avec une meilleure compréhension des processus d'épanouissement, conduisent à accorder plus d'importance à la structuration des individus et à l'adaptation créative à l'environnement. Mais alors la « magie » du grand groupe espacien l'emportait. Elle appellera bien des corrections de dérive, à travers des désillusions parfois rudes. Son intérêt est de faire de l'Espace un lieu extraordinaire de confrontation et de débat d'idées.

---

3. Voir p. 60.

3. Un creuset d'influences

Révolution... des loisirs

Le temps des débats

Depuis sa création, l'Espace se présente avant tout comme un lieu de parole. On y cultive l'échange et le partage des perceptions. Conversation infinie, à deux ou à dix, sur l'atelier de sculpture du matin, sur l'amour, suggestion pour améliorer le service de plonge ou encore pour éviter que l'atelier de djembé ne perturbe le sommeil des enfants sur la « Montagne » (l'une des collines de l'Espace).

Tout peut générer de la parole : la recherche de « l'interaction favorable », la participation aux ateliers, le service collectif de quatre heures, ou même la queue à la cafétéria. Tout cela peut susciter l'envie de prolonger la rencontre en dehors du cadre codé de l'atelier ou d'activités organisées. Une tendance partagée sous-tend cette pratique : il s'agit d'une quête de présence accrue à soi-même.

L'une des plus belles improvisations de l'Espace, celle de « Radio-pirate », illustre cette idée. Elle est « restée dans les mémoires, raconte Maurice Piau, comme un modèle de ce qui peut se faire avec rien. L'émission devait être diffusée par les interphones. Ceux-ci étant rarement branchés, nos auditeurs se retrouvaient, de fait, autour de nous. A chaque saison, nous commencions avec quelques curieux, plutôt dubitatifs, pour finir avec une assemblée de trois cents personnes. Nous osions tout, traitant de tout et de rien – et parlant de nous, nous parlions bien sûr des autres. Nous faisions rire et pleurer. Aucune scène de théâtre ne m'a jamais donné autant de trac et de plaisir que celle-ci. Tout était laissé à l'inspiration du moment. La radio est ainsi devenue un extraordinaire forum de régulation : ateliers décevants, bouffes, comportements malsains, échecs des uns, réussites des autres, nous parlions de tout. Surtout des échecs, bien sûr, c'était plus rigolo. Mais, commencée dans la rigolade, la radio changea quelque peu d'orientation le jour où Patrick choisit de quitter le ton devenu familier pour explorer des sujets plus "graves", comme l'amitié, l'amour, la solitude, le mal de vivre... Les émissions, tout en conservant leur côté iconoclaste, se sont alors faites plus sensibles. Le cercle des espaciens se resserrait autour de nous, offrant sa propre émotion en contrepoint à la mise en scène de nos fragilités. Les rires que nous faisions naître étaient le reflet d'autres émotions, plus profondes ».

Quête de renaissance

La réflexion psychosociologique sur le « tourisme » nous rappelle encore ceci : dès qu'il y a vacances, tourisme ou voyage, la mobilité spatiale fonctionne comme métaphore d'autres formes de mobilité, sociale et temporelle. Autrement dit, elle est quête de sens, interrogation des rapports que nous entretenons avec nous-mêmes, avec les autres ainsi qu'avec l'espace visité ou parcouru. Elle nous suggère la possibilité d'une *re-naissance*. Le travail de la boussole intérieure est en permanence réactivé par la confrontation avec autrui.

Chacun s'y retrouve en somme pèlerin de lui-même. L'allusion au pèlerinage est ici littérale. Diverses études ont mis en évidence la réelle continuité qui existe entre le pèlerinage religieux et les formes contemporaines du tourisme[1]. Voilà qui permet de mieux comprendre pourquoi le nouvel arrivant, à l'Espace, se retrouve un peu dans cette position du voyageur décrit par Antonio Tabucchi dans *Le fil de l'horizon*, qui ne va pas sans un soupçon d'anxiété : « Le voilà qui erre, à nouveau, à la recherche de rien, les murs de ces ruelles semblent lui promettre une récompense qu'il ne parvient pas à obtenir, comme si elles dessinaient un parcours de jeu de l'oie fait de cases vides et de pièges, dans lequel il déambule en espérant que le dé s'arrête bientôt sur un numéro qui résoudra son énigme. Et, en attendant, là-bas il y a la mer, qu'il contemple, les bateaux, les mouettes, les nuages[2]. »

Bien des anecdotes illustrent cette dimension métaphorique des expérimentations. En voici une, qui renvoie à la mobilité sociale. L'expert-comptable de l'Espace du Possible, un professionnel de Royan, vient visiter les lieux. Le camion des poubelles passe et s'arrête à nos côtés. Je me tourne vers l'expert-comptable et, lui désignant l'un des éboueurs, je lui dis.

– Venez, je vais vous présenter à l'un de vos collègues.

De fait, l'un des volontaires de l'équipe de nettoyage était expert-comptable « en ville ». Surprise de l'expert,

1. Je résume ici certaines des propositions avancées notamment par Rachid Amirou, *op. cit.*, dans la première partie de son livre.

2. 1986 et Éditions Christian Bourgois, 1988, pour la traduction française.

jubilation de l'éboueur. Certes. Mais il reste clair que le volontaire, qui jouait pendant une journée à « l'éboueur exemplaire », ne l'aurait pas fait toute sa vie. Son plaisir résidait dans le contre-emploi, le décalage avec son vécu professionnel habituel, et la possibilité de surprendre, comme on peut surprendre quelqu'un dans une fête en lui révélant soudain son vrai visage sous le masque. « Faire l'éboueur », le temps d'une journée, avec d'autres qui ne sont pas plus éboueurs que soi, conjugue la recherche de l'ailleurs – c'est quoi, le point de vue de l'éboueur espacien, quel est le trajet du camion-poubelles, que donne-t-il à voir d'inhabituel, qu'est-ce que ça fait, d'être éboueur ? – et la recherche de l'intérieur – qu'est-ce que ça me fait, quelles sont mes représentations du nettoyage, du propre et du sale, les bonnes ou les mauvaises façons de nettoyer, de traiter les ordures ? C'est un jeu, dont la dimension collective est évidente, et qu'il serait aisé d'analyser à partir des réflexions de E. Goffman sur l'acteur : le jeu suppose que les joueurs soient plusieurs à avoir envie de partager la partie.

Les espaciens, donc, viennent en vacances. Et ces vacances-là, comme les autres, créent pour chacun une zone de moindre pression, où ils peuvent se risquer à des pratiques différentes ou décalées. Elles n'échappent pas par essence au règne de la détente, du divertissement et du développement personnel. Le loisir favorise en effet l'exercice d'activités épanouissantes, l'expression de talents laissés en friche par la vie habituelle. On peut donc faire cette hypothèse : la vocation proprement touristique de l'Espace a contribué à ce que certains choix s'opèrent entre les différentes techniques relationnelles qu'il était possible d'y expérimenter.

Des influences multiples

Mode d'emploi

L'Espace, par principe, évite les prises de position dogmatiques. C'est plutôt un creuset où interagissent des influences d'une grande diversité. La culture freudienne y est plus répandue qu'ailleurs, sans y être exclusive. Chacun, participant ou proposant, peut venir vérifier ses hypothèses, expérimenter, comme un chercheur dans un laboratoire. Mais l'expérimentation l'engage en tant que personne. Il est chercheur de soi : capable d'accepter une influence, mais de façon provisoire.

Le caractère ponctuel de ces influences permet d'éviter les risques d'enfermement dans des conceptions rigides. Ce qui préserve l'Espace d'éventuelles influences sectaires, c'est qu'une bonne partie de ses résidents sont avant tout curieux, informés et prêts à entendre une idée sans pour autant y adhérer. Ils se sentent concernés, n'hésitent pas ni à s'impliquer ni à s'opposer si nécessaire. Toute communication comporte une part d'influence, mais celle-ci doit respecter l'intégrité d'autrui. Et chacun doit se demander comment être réceptif avec discernement. L'Espace permet à chacun de trouver ses propres outils et de développer ses anticorps pour résister au chant des sirènes. Chaque mardi, le conseil communautaire, ouvert à tous, débat, outre des problèmes d'organisation, de toutes sortes de faits. Dès qu'une question émerge en tant que problème, le débat collectif permet de se renseigner et d'apporter sa contribution.

A la fin des années 70, à l'Espace comme dans beaucoup d'autres lieux, le climat était au freudo-marxisme. L'Espace a quant à lui toujours défendu une démarche multiréférentielle. Dans la pratique, outre la psychanalyse freudienne proprement dite (et le psychodrame analytique qui s'en inspirait), plusieurs grands courants étaient représentés : les reichiens, les rogériens, les gestaltistes et l'école de Palo Alto. Tous mettaient en scène, *grosso modo*, les préoccupations de la psychologie humaniste.

Palo Alto

Avant d'aborder les courants thérapeutiques, il est important de parler de l'école de communication de Palo Alto, nom d'une ville au sud de San Francisco. Elle a rassemblé des chercheurs de premier plan, tels Paul Watzlawick, Gregory Bateson, Virginia Satir, Milton Erikson, Erving Goffman ou Edwards Hall... La fécondité de cette approche systémique est de considérer l'homme dans son écosystème, c'est-à-dire comme un tout cohérent mais indivisible. L'idée est que si on modifie l'un des éléments, le système continuera à fonctionner comme avant (principe d'homéostasie). Au sein d'une équipe, si une personne rencontre des difficultés il se peut par exemple qu'un poste de travail soit mal défini. Pour obtenir un changement il convient de considérer la situation dans son ensemble sous l'angle de ses interdépendances et non en se fixant sur un cas particulier. La communication est ainsi une cocréation où les métaphores ont un rôle actif. Elles aident ou bien inhibent le fonctionnement d'un groupe. Par exemple il n'est pas anodin qu'un responsable compare son entreprise à une équipe de football, à un orchestre symphonique ou bien à un ensemble de jazz... La métaphore qui convient aux interactions espaciennes est plutôt l'ensemble de jazz qui met en avant la grande liberté d'improvisation de chaque musicien et la nécessité de trouver une harmonie d'ensemble.

Tentations thérapeutiques : Reich

Le courant influencé par les travaux de Wilhelm Reich était le plus explicitement thérapeutique. Sans doute convient-il de rappeler brièvement les positions de Reich. Sa démarche procède de celle de Sigmund Freud mais diverge vite : il souhaite planifier la cure analytique pour la rendre plus efficace. Selon lui, dès la naissance, l'enfant vit des émotions fortes et les inhibe pour éviter de souffrir. Il bloque notamment sa respiration, alors que celle-ci fait circuler l'énergie entre les différentes parties du corps. Ces blocages constituent pour Reich l'armature de la névrose et se concrétisent dans la structure caractérielle de chaque individu. Il crée donc la notion de « cuirasse caractérielle » et cherche à élaborer des techniques capables de la dissoudre.

La cuirasse, qui a des aspects à la fois musculaire, psychique et social, est pour lui l'inscription en chacun de la société autoritaire : la signature corporelle du vieux monde. Il s'agit de la combattre, puisqu'elle est la cause de notre souffrance à vivre. Reich entreprend alors de toucher le corps de ses patients, de procéder à des massages et à des manipulations, provoquant ainsi des décharges émotionnelles. Il fonde ainsi la méthode de la *végétothérapie caractéro-analytique*, développée dans ses principaux ouvrages[3].

Intervenaient à l'Espace divers praticiens des thérapies dites néo-reichiennes, comme le *rolfing*, une méthode de massage reichien en profondeur, initiée par Ida Rolf. La *bioénergie* connut un vrai succès. Il s'agit de la reprise vers 1950, par l'un des élèves de Reich,

3. Ils sont en général traduits et publiés par les Éditions Payot : *L'analyse caractérielle*, *La psychologie de masse du fascisme*, *L'irruption de la morale sexuelle*, *La fonction de l'orgasme*, *Écoute petit homme !* et *Reich parle de Freud*.

Alexander Lowen, de la végétothérapie analytique. Lowen l'assouplit quelque peu et développe son aspect le plus orthopédique-culturiste pour en faire « l'analyse bioénergétique[4] ». Il propose une compréhension du corps comme langage, dont la lecture se fait par une analyse physico-émotionnelle, de la corpulence, de la voix, de la position du ventre, etc. Il propose de multiples exercices : d'enracinement, de respiration, de mouvement dans l'espace, déblocage des tensions et expression vocale.

L'influence de cette approche fut élargie avec l'apparition de méthodes, comme celle dite du *cri primal* ou la *Gestalt-thérapie*, qui s'éloignent sensiblement l'une et l'autre de la démarche initiée par Reich. Le cri primal est lancé vers 1970 par Arthur Janov. Spectaculaire, cette méthode est fondée sur l'expression directe des émotions et le « revécu » cathartique des traumatismes infantiles[5].

La Gestalt-thérapie pour sa part est inspirée de la psychologie de la forme et a été inventée par F.S. Perls. Elle facilite l'exploration créative de « l'ici et maintenant » à partir des sensations. Elle permet d'expérimenter des choix possibles avant de se décider, insiste sur « l'ajustement créateur » entre principe de plaisir et principe de réalité.

Ces différentes approches présentent l'intérêt d'intégrer le toucher, de travailler sur les émotions et sur la libido, et d'insister sur le fait que le bien-être comme le mal-être se vivent, s'éprouvent. Reich choisissait en

---

4. La bioénergie est présentée dans plusieurs ouvrages de Lowen, en général traduits chez Tchou, comme *La dépression nerveuse et le corps* (1975), *Le plaisir* (1976), *La bioénergie* (1976), *Le langage du corps* (1977), ou *Amour et orgasme* (1977).

5. Cf. *Le cri primal* et *L'amour et l'enfant*, Flammarion, 1975 et 1977.

somme de faire monter les émotions plutôt qu'augmenter les doses de médicaments.

Régulation

A l'Espace, ces techniques étaient seulement expérimentées : les activités proposées en restaient au stade de l'initiation. Mais le côté hors contexte de vacances de ces groupes entraîna des réactions. On était en vacances, l'enjeu n'était pas de « faire péter sa cuirasse ». Il faut dire que les expérimentations dans ce domaine ont débordé parfois du cadre : on allait dire, et sans ménagement, à son patron, à son père ou à sa compagne, tout ce que la séance venait de faire « découvrir » sur son compte.

Depuis, en outre, des recherches pluridisciplinaires ont montré qu'une expression plus modérée des émotions pouvait avoir de plus grandes vertus thérapeutiques. « La *Programmation neuro-linguistique* (PNL), précise par exemple le docteur A. Moreau, prône pour sa part une stratégie différente. Elle consiste à laisser s'exprimer l'émotion de façon à la fois modérée et limitée, sans la nourrir par des caresses corporelles ou verbales qui font courir le risque réel d'un renforcement purement conditionné, puis à stimuler un processus permettant de sortir le sujet de son impasse, de l'orienter vers une issue positive. Il peut s'agir d'une simple question – "Que voulez-vous faire à la place ?" –, ou d'une demande de renouer le contact avec la situation présente, ou tout simplement de regarder vers le haut, ce qui, à l'inverse du regard vers le bas dépressif, déclenche une sorte de réflexe positif. D'un point de vue pragmatique, je ne peux que constater que ces approches fonctionnent, même si elles sont contestées par les tenants des thérapies dites "profondes". Elles ont donc leur profondeur. C'est la compréhension que nous en avons qui reste superficielle : la valeur d'une méthode se trouve-t-elle dans leur résultat ou dans l'explication qu'on en donne ? Peut-être faut-il tout simplement en finir avec les attitudes quelque peu intégristes ou “monothéistes” dans ce domaine (hors de mon Église, point de salut). Après tout, un asthmatique par exemple peut bien bénéficier, selon le moment ou la prédominance de certains symptômes, de soins appropriés distincts, mais nullement contradictoires : vaccins, antibiotiques, vitamines, dilatateurs bronchiques, homéopathie, physiothérapie, soins intensifs, psychothérapie[6] ».

Ce qui disparaît avec la fin des positions exclusives, de quelque méthode qu'elles relèvent me semble-t-il, c'est la possibilité de se remettre aveuglément entre les mains d'un seul praticien : faut-il s'en désoler ?

Et la douceur ?

Quoi qu'il en soit, l'idée reichienne de la santé fondamentale de l'être humain fut peu à peu sérieusement remise en question, à l'Espace comme ailleurs[7]. En outre, les nouvelles thérapies se répandaient peu à peu dans toute la France. Aussi ne valorisaient-elles guère la singularité du lieu, dont les vertus « thérapeutiques » étaient d'abord celles de toute villégiature[8]. Ce qu'il

---

6. Ouvrage à paraître prochainement. André Moreau a publié : *Pouvoir autonomie et guérison*, Cabay, 1984.

7. Pour approfondir la question, on peut lire par exemple les analyses proposées par Roger Gentis dans *Leçons du corps*, Flammarion, 1980.

8. Rachid Amirou suggère en effet d'ajouter deux composantes aux « 3D » – détente, divertissement, développement – de J. Dumazedier : la socialisation, dont nous reparlerons, et la thérapie. Mais ce qu'il entend par là n'a guère de rapport avec les diverses sortes de psychothérapies psychologiques. Il reprend les constats de la médecine du travail en ce qui concerne les conséquences de la vie moderne

restait de l'influence de tous ces courants, au final, c'était une sensibilisation concrète à des phénomènes relevant aujourd'hui de la quotidienneté, comme le transfert ; c'était un éclairage jeté sur un certain nombre d'approches nettement plus douces[9].

Dans ce contexte, c'est le psychosociologue Carl Rogers qui, très vite, exerça l'influence la plus large à l'Espace. Son best-seller, *Le développement de la personne*, a été publié en France dès 1968[10]. Pour lui, il ne s'agit ni de juger ou d'interpréter les paroles ou le comportement d'autrui, mais d'accepter l'échange – ce que l'on appelle un *feed-back intelligent*, qui n'est pas très loin du « parler vrai » de Françoise Dolto. Ils permettent à l'autre d'évoluer, dans la mesure où il en est précisément demandeur. Cette culture du *feed-back*, restée très prégnante, contribue à la qualité des échanges qui règnent à l'Espace.

Le *feed-back* intelligent propose de partir des faits sans interpréter. On demandera par exemple : « Ça fait plusieurs fois que vous êtes en retard, que se passe-t-il ? » au lieu d'asséner : « Vous êtes toujours en retard, vous ne savez pas vous organiser ! » Au lieu de dire : « Ce repas est détestable ! », on s'étonnera : « Je ne m'attendais pas à cette cuisson », sans chercher à imposer sa solution. « Le *feed-back* intelligent, précise Meryem Le Saget, émet un avis sur les actes de la personne, mais respecte toujours sa

---

en ville : perte d'acuité sensorielle, absence de sollicitation de nos capacités physiques. C'est de ce point de vue que toute « vie au grand air » semble constituer un remède privilégié.

9. On peut néanmoins en suggérer une liste sommaire : introjection, scénario de vie, conditionnement, projection, défense, transfert, blocage, complexe, répétition, etc. Certains outils en outre se retrouvent dans de nombreuses approches : le travail sur la respiration, la référence au corps qui recentre en permanence sur l'ici et maintenant, la relation et la communication, l'importance du langage non verbal.

10. Réédité en 1998 par les Éditions Dunod.

dignité[11] », et surtout il prend en compte ses limites émotionnelles, son aptitude à se remettre plus ou moins en cause à tel instant, dans telle situation. Une forme de *feed-back* particulièrement intéressant est la métacommunication : « Au lieu de répondre à la personne sur ce qu'elle nous dit, on attire son attention sur le genre d'échange qui est en train de s'instaurer : "J'ai le sentiment qu'en parlant comme nous le faisons, aucun climat de confiance ne pourra se développer entre nous[12]". » Cette communication permet de réduire les non-dits, de recadrer l'échange et de déminer les obstacles de la communication.

Carl Rogers plaide également pour une « approche centrée sur la personne » : il s'agit pour lui d'accepter l'autre tel qu'il est et non tel qu'il devrait être ou qu'on voudrait qu'il soit. La personne de l'apprenant, par exemple, est le point de départ de tout programme d'enseignement. Il insiste sur le droit de chacun à devenir « quelqu'un », c'est-à-dire une personne à part entière, ainsi que sur la qualité des relations nouées avec autrui et avec l'environnement. Il est en somme l'opérateur idéal de la démarche espacienne, là où elle rompt avec la cérébralité des décades antérieures. Il ne s'agit plus de tenir des discours, mais d'être, ainsi que l'illustre bien une anecdote amusante rapportée par Max Pagès[13]. Au cours d'une rencontre avec Carl Rogers, le psychosociologue Guy Palmade tenait un long discours conceptuel. Rogers l'interrompit en lui plaçant simplement la main sur la poitrine et en lui posant une question qui produisit sur l'orateur l'effet d'un court-circuit :

– Oui mais toi ? Toi, qu'est-ce que tu sens ?

---

11. Cf. *Le manager intuitif*, Dunod, 1992.
12. *Ibid.*
13. *Le travail d'exister*, Desclée de Brouwer, 1996.

L'influence du « développement personnel »

D'autres approches consolidèrent cette influence majeure. Toutes participent du courant dit du développement personnel, qui propose des techniques moins thérapeutiques que favorisant les évolutions personnelles et par là même, l'épanouissement.

La psychologie de l'être

Il en va ainsi de la *psychologie de l'être* d'Abraham Maslow, un psychologue américain qui entend féconder la psychanalyse par la philosophie existentielle. Deux idées majeures d'Abraham Maslow ont eu en particulier un impact important à l'Espace. Tout d'abord celle de « l'expérience des sommets », ces moments forts et privilégiés où l'être se trouve porté à la pointe de lui-même. Selon lui, ces expériences nous font remanier notre vie et assembler nos représentations autrement. Une crise intérieure, la perte d'un emploi, une séparation, ne se réduisent donc pas à des catastrophes, mais constituent des moments de transformation de l'individu et de ses valeurs. Cette approche est largement reprise aujourd'hui dans le concept de résilience qui unit les notions « de rebond, de ressources, et de bonne humeur[14] ».

Son autre idée forte est incontestablement la théorie de « la pyramide des besoins » : nos besoins seraient fondamentalement au nombre de cinq – nourriture et autres besoins primaires (respirer), sécurité, appartenance à un groupe, reconnaissance et réalisation de soi. Le besoin satisfait, selon cette théorie, disparaît au profit d'un besoin supérieur. Les vacances, en général, s'adressent aux trois premiers niveaux de besoins. L'Espace

---

14. Cf. Boris Cyrulnick, *Les vilains petits canards*, Odile Jacob, 2001.

3. Thérapie ou développement personnel ?

C'est vrai que la frontière est ténue. Il existe tout de même une différence essentielle. Quand on est dans le développement personnel, on ne rentre jamais dans le POURQUOI. On travaille avec des éléments conscients ou demi-conscients, pas avec toute la part qui correspond à l'histoire personnelle profonde du sujet, et donc au pourquoi.

L'Espace est un lieu de développement personnel parce que tout ce qui a trait à l'expression – tous les ateliers liés à la créativité et à la réflexion, philosophique ou à partir de l'Analyse transactionnelle – est de cet ordre-là. Ces activités apportent un authentique enrichissement. Bien sûr, on parle de développement personnel, ou d'épanouissement, mais on pourrait tout aussi bien parler de formation : puisqu'il y a acquisition de savoirs, de savoir-faire et de savoir-être, pour reprendre la distinction usuelle.

Les limites de cette démarche – le cadre, donc – doivent être bien posées d'emblée par l'animateur, comme du reste il est invité à le faire quand il anime à l'Espace. Il est important de signifier aux gens que dans l'atelier certaines choses n'ont pas leur place, et lesquelles. On entre dans une démarche de type thérapeutique dès qu'on entre dans l'histoire, le vécu historique de la personne. Lors d'un atelier de développement personnel, évidemment, chacun peut être amené à dire que telle ou telle chose lui en rappelle une autre dans son histoire. C'est lui qui le dit et le constate, l'intervenant peut l'accepter comme un témoignage ; mais il n'a pas à lui demander d'aller plus loin. Il accueille l'émotion, qu'il s'agisse de colère, de plaisir ou de tristesse. Mais si l'émotion est douloureuse, il signale qu'il ne peut intervenir et qu'il existe des lieux plus adéquats pour la traiter. C'est, tout simplement, que tout travail de type thérapeutique doit faire l'objet d'un contrat et d'un suivi. De toute façon, les ateliers à l'Espace durent en général cinq jours, et on ne fait aucune thérapie en cinq jours !

Le développement personnel peut en revanche constituer une excellente entrée en matière pour un travail thérapeutique ultérieur. C'est le rôle de l'Espace, cette ouverture d'esprit, cette aptitude collective à écouter, à entendre. Souvent, au début d'une thérapie, vous découvrez que les personnes ont peur d'entrer en thérapie, et qu'elles ont commencé par des groupes de développement personnel, le temps d'avoir envie d'aller plus loin.

En ce sens, l'Espace peut servir de tremplin. Il arrive aussi, tout simplement, que des choses qui paraissaient insolubles soient résolues à la suite de la participation à un groupe. La bonne information a été donnée, ou la bonne stratégie expérimentée. Tout le monde n'a pas besoin de suivre une thérapie !

Henry Torrell,
psychothérapeute, analyste transactionnel

accorde une attention toute particulière aux besoins de reconnaissance et de réalisation de soi.

L'Analyse transactionnelle

Autre branche de la psychologie humaniste, l'*Analyse transactionnelle* (AT) reprend les grands principes de Rogers. L'idée-force de cette méthode, initiée par Éric Berne, est d'aider chaque individu à être davantage acteur de sa propre vie. L'AT participe du courant de l'analyse systémique, qui suggère notamment que le système le plus efficace est en général le plus large, le plus englobant. L'individu, dès son plus jeune âge, adopte fréquemment des positions de vie relativement figées, une représentation limitée du monde et de lui-même. Avec l'aide de l'AT, il va élargir ses cartes du monde. Un autre postulat de l'AT est qu'il existe trois états du moi : enfant, parent et adulte. Ainsi, une personne équilibrée l'est au niveau de ces trois états (et pas d'un seul).

Elle estime également que notre personnalité n'est jamais complètement unifiée : nous sommes constitués d'une constellation de moi susceptibles de se quereller et entre lesquels il convient d'arbitrer. L'idée était déjà présente chez le psychologue français Janet, qui suggérait que nous étions faits d'une « confédération de moi » à l'intérieur de laquelle, aux différentes périodes de la vie, dominent des moi différents. Suggérant différentes modalités de gestion des différentes instances de la personnalité, proposant une réflexion autour des notions de transaction cachée et des phénomènes inconscients dans la vie des groupes, l'AT constitue un outil de communication interpersonnelle utilisé dans la gestion des groupes, quelle que soit leur taille.

La Programmation neuro-linguistique

Plus récemment, la Programmation neuro-linguistique (PNL) a élargi son influence à l'Espace. Créée vers 1975 par les psychologues américains Richard Bandler et John Grinder, la PNL repose sur l'observation initiale des « secrets de communication » de personnes particulièrement douées. Son intérêt réside notamment dans l'invention d'un grand nombre d'outils de communication et de modélisation : elle permet de repérer des séquences dans le fonctionnement d'autrui, puis de s'en servir dans le cadre d'une relation d'aide. Pratiquement, je m'intéresse à la façon dont quelqu'un s'y prend pour réaliser un projet, la confronter à la mienne et me l'approprier.

Vivre

Ces démarches visent en tout cas la réalisation de soi, à travers la prise de conscience des différents rôles que nous jouons en alternance. Elles relèvent d'une vision du monde selon laquelle on ne naît pas homme ou femme, mais on le devient, en posant des choix, en travaillant à l'émergence de son potentiel. On assiste une fois encore à l'influence des « Sartre et Beauvoir », au retour en force du sujet et de la force subversive du désir. R. Misrahi sur les traces de Spinoza évoque quant à lui la « construction du préférable » et de l'aptitude à orienter son existence[15].

L'enjeu est en somme d'être plus vivant, ce qui me rappelle cette confidence de Jorge Luis Borges[16] : « Si je pouvais vivre une nouvelle fois ma vie, j'essaierais d'y commettre plus d'erreurs. Je n'essaierais pas d'être aussi parfait, je serais plus détendu [...]. Je m'exposerais à plus de risques, je ferais plus de voyages, je contemplerais plus de crépuscules [...]. Moi, j'étais l'un de ceux qui ne vont nulle part sans un thermomètre, une bouillotte, un parapluie et un parachute ; si je pouvais recommencer à vivre, je voyagerais plus légèrement. Si je pouvais recommencer à vivre, je commencerais par marcher pieds nus depuis le début du printemps jusqu'à la fin de l'automne. Et je jouerais davantage avec les enfants, si j'avais encore une vie devant moi. Seulement voilà, j'ai quatre-vingt-cinq ans et je suis en train de mourir. »

Sans doute convient-il de réfléchir à la façon dont ce courant du développement personnel a évolué à l'Espace. Comment les pratiques inventées à l'Espace en ont-elles déplacé les perspectives ?

---

15. Misrahi, *Éthique, politique et bonheur*, Seuil, 1983.

16. Cette citation de Borges, *Instant* (DR) est rapportée par Alain Delourme dans *Le bonheur possible*, Retz, 1999.

II. La dynamique de l'intime

L'espace semble être, ou plus apprivoisé, ou plus inoffensif, que le temps : on rencontre partout des gens qui ont des montres, et très rarement des gens qui ont des boussoles. On a toujours besoin de savoir l'heure (et qui sait encore la déduire de la position du soleil ?) mais on ne se demande jamais où l'on est. On croit le savoir : on est chez soi, on est à son bureau, on est dans le métro, on est dans la rue.

C'est évident bien sûr – mais qu'est-ce qui n'est pas évident ? De temps en temps, pourtant, on devrait se demander où on (en) est : faire le point...

Georges Perec, *Espèces d'espaces*

1. Quel « développement personnel » ?

Une culture de l'implication

Interagir

Le droit à l'initiative, même stimulé de nombreuses façons, renvoie immédiatement le nouvel espacien à lui-même. C'est l'une des difficultés de « l'atterrissage ». Il n'y a aucun programme obligatoire, il appartient à chacun de se situer, de choisir ses activités, de passer une demi-journée en solitaire ou d'aller à la rencontre des autres. Ne pas être pris en charge oblige à se risquer. Les échanges avec autrui sont nombreux : qu'ils soient redoutés ou désirés, il faut faire avec sa propre demande, apprendre à aider et à être aidé.

C'est d'autant plus important que le spectacle de la vie quotidienne propose une richesse d'interactions tout à fait inhabituelle. A côté du bouillonnement des discussions et débats générés par les tâches et les activités partagées, coule, selon la bucolique formule proposée par Maurice Piau, « une calme rivière, celle de relations humaines chaleureuses ». « Mon meilleur souvenir à l'Espace, explique Hélène, date d'un jour de tristesse et de solitude : au milieu du groupe, une femme qui avait senti mon mal-être, dissimulé derrière mon sourire habituel, m'a prise dans ses bras. » Ces instants d'échanges et de confiance sont souvent évoqués dans les souvenirs des espaciens. « Ma plus belle surprise, observe un autre, a été ma rencontre avec un musicien. Nous avons ressenti une affinité immédiate, nous avons parlé musique et commencé à jouer ensemble, lui avec sa guitare, moi avec ma mandoline. C'était formidable. »

Ces témoignages ne renvoient pas seulement à l'un des effets de convivialité classiques du « village de toile ». Il est intéressant de les penser à partir du travail de Donald W. Winnicott, l'une des grandes figures de la psychanalyse de ce siècle, qui a mis l'accent sur l'effet libératoire du jeu pour l'épanouissement psychique.

Espace transitionnel

Winnicott s'impliqua tout particulièrement dans la thérapie d'enfants en jouant avec ses jeunes patients. Puisque l'enfant qui ne joue pas est en difficulté, lui s'efforce de rétablir la fonction du jeu. Winnicott va plus loin en établissant un parallèle entre espace ludique et espace psychique. L'un et l'autre impliquent d'accepter ce paradoxe que l'objet se situe à la fois dedans et dehors. Il est à la fois illusion et réalité. Il en va ainsi de la peluche ou du bout de tissu que l'enfant investit comme doudou. L'objet en lui-même n'a que peu de valeur, c'est le développement de l'espace transitionnel entre psychisme et réalité qui est opérant. C'est le lieu où se déploie la sensibilité, la créativité, l'imaginaire. Dans *Jeu et réalité*[1], Winnicott le nommera « espace potentiel ».

1. Gallimard, « Connaissance de l'inconscient », 1971. Pour une approche de l'ensemble de l'œuvre de Winnicott, on pourra se procurer

Winnicott nous a également permis de comprendre qu'il ne fallait pas être obnubilé par l'aspect visible des activités. Elles ne constituent que des objets transitionnels. Ce qui compte, ce sont les échanges et la surprise que ces activités génèrent. Les informations données sur telle technique sont importantes parce qu'elles ouvrent sur des processus. Mais vivre à l'Espace, ce n'est pas tant accéder à des contenus (activités, techniques, disciplines) qu'à un contenant global, constitué des réactions des uns et des autres.

Rachid Amirou applique pour sa part la notion d'espace transitionnel à l'espace touristique. De fait, l'Espace du Possible propose du transitionnel ou du potentiel. Pour le participant, manier « de l'Espace », c'est y entrer et le manipuler. C'est moins acquérir des savoirs, sur un mode traditionnel, qu'interagir avec la façon dont ces savoirs se transforment et s'échangent. A propos de l'Internet, Serge Tisseron note que l'on y vit « une série de moments de solitude et d'échanges, de raison et d'illusion, de rigueur et de rêve, qui n'existent pas sans un rapport émotif intense au dispositif et aux autres[2] ». Ce pourrait être une jolie définition de la vie à l'Espace...

La démarche poursuivie s'éloigne donc des représentations pédagogiques traditionnelles. La dialectique de l'illusion et de la désillusion y joue un rôle majeur, ce qui permet de mieux comprendre l'importance à l'Espace de la culture de l'implication personnelle et du *feed-back*.

Risque

Les relations humaines semblent liées à ce que ce lieu, clos, protégé, autorise. Les participants ont choisi d'être

---

Le paradoxe de Winnicott, d'Anne Clancier et Jeannine Kalmanovitch, In Press Éditions, 1999.

2. Cf. *Petites mythologies d'aujourd'hui*, Aubier, 2000, p. 121.

ici, et ce choix constitue un facteur de connivence, de même que la proximité propre au camping. Mais ils signalent en outre la présence d'une culture relationnelle. Elle se diffuse à partir de l'expérience des groupes d'épanouissement ou de création d'une façon très large. Mais ici comme ailleurs, l'enfer peut être pavé des meilleures intentions. Une tentative d'aide peut être exprimée de façon blessante. La culpabilisation classique peut surgir, ou l'analyse sauvage s'épanouir (comme ce fut parfois le cas dans les débuts balbutiants de l'Espace).

Cette culture a pour fondement l'implication et l'immersion personnelles. Il est parfois utile que le nouveau participant s'appuie sur un ancien pour être introduit à cette vie de construction-déconstruction perpétuelle. Mais l'implication repose d'abord sur un pari fait par le participant lui-même. « Il faut du temps et de la confiance pour qu'une personne accepte de s'ouvrir », observe René Barbier. « La prudence est raisonnable. Cependant je crois qu'une fois un minimum de sécurité assuré, l'implication relève d'un choix de vie. L'implication est toujours risquée, elle débouche fréquemment sur un constat de divergence, avec de la solitude et de l'isolement. C'est le prix à payer pour partager de vrais moments de rencontre[3]. »

Cette philosophie de l'implication est difficile à comprendre au regard des conventions sociales classiques. Elle s'opère à partir d'un retournement du sujet à l'objet, illustré par l'exemple de Mathilde. Cette espacienne fréquentait rarement les musées et n'en avait jamais retiré de réel plaisir. Face à une œuvre, elle se sentait passive, comme si le tableau était le véritable sujet, doté d'une légitimité excluant la sienne. Lors d'un atelier de peinture à l'Espace, elle laissa de côté ses idées *a priori* sur

3. Cf. *La recherche-action*, Anthropos, 1993.

la peinture, se donna le temps et le droit de se tromper, de faire : elle osa peindre. Le changement fut facilité par le cadre contenant du groupe. Elle ouvrit ainsi les passerelles de son imaginaire, eut accès à la fois à son monde intérieur, et, ce faisant, à la matière et à l'œuvre.

Grâce à cette petite révolution copernicienne, elle s'est mise à aimer la peinture, en prenant là aussi le temps d'éprouver, en acceptant de regarder ce que captait sa mémoire ou son imagination, sachant que ces suggestions étaient d'abord de son propre fait – qu'elle était le sujet, pas le tableau. Il lui devint donc possible de sentir comment l'artiste avait travaillé, quel effet il aurait obtenu en procédant différemment. S'être impliquée lui ouvrait un nouvel espace de liberté, et la délivrait du même coup de représentations imposées de l'extérieur, la rendant à la fois moins manipulable et plus en prise avec sa propre imagination créatrice. On retrouve là une véritable conversion à soi : « Déplacement, trajectoire, effort, mouvement, tout cela doit être retenu dans l'idée de conversion à soi[4]. » Pour Mathilde « il s'agit en fait d'une seconde fondation, la première (naissance réelle, environnement sociofamilial[5]) ne dépendait pas d'elle, la seconde par la suite repose sur son aptitude à dynamiser son existence. Chacun d'entre nous est ainsi susceptible d'orienter ses choix de vie ».

Écoute

Le premier facteur d'aide face à l'émotion d'autrui réside dans notre qualité d'accueil et d'acceptation, souvent silencieuse, de l'émotion qui surgit. Elle suppose simplement de ne pas avoir peur de ce que l'autre mani-

---

4. Cf. Michel Foucault, *L'herméneutique du sujet*, cours prononcé le 17 février 1982, Gallimard, 2001.

5. Alain Delourme, *op. cit.*

feste. C'est ainsi que nous pouvons l'aider à construire son identité, en lui confirmant son expérience : l'estime que nous avons de nous-même ne se renforce-t-elle pas – ou ne se désagrège-t-elle pas, parfois ? – dans nos conversations quotidiennes ? Une bonne écoute se centre moins sur ce que la personne évoque – l'objet de la conversation – que sur le sujet, la personne, qui cherche à se faire entendre. C'est l'écoute empathique. Elle tranche avec le discours conventionnel qui invite à la bonne volonté : « Si tu veux, tu peux ! »

Pareille écoute contenante ne va pas de soi : elle suppose que l'on accepte d'entendre les faits, que l'on perçoive la diversité des réalités psychiques de chacun. Elle renvoie chacun d'entre nous à son savoir-être, à sa disponibilité, à sa capacité à se centrer sur l'autre sans le juger ni vouloir le changer. C'est une attitude d'humilité, à rebours des crispations de pouvoir où nous nous enfermons volontiers, quand nous savons pour l'autre et mieux que lui. Au fond, cette écoute relève du traditionnel sens de l'hospitalité : elle recherche l'alliance, la bonne distance, la solution sans perdant ni gagnant.

Cette aptitude s'épanouit à l'Espace. L'expression de l'émotion n'est plus modélisée, de façon plus ou moins explicite. Des années, il est vrai, ont été nécessaires pour distinguer ce qui relève de l'émotion créatrice, spontanée, et ce qui relève d'une émotion « téléguidée », ressortant de l'induction d'un animateur, c'est-à-dire de son rapport à la séduction, au pouvoir, parfois à la toute-puissance. Nous n'en sommes plus dupes. L'émotion véritable, qui déborde littéralement la personne qui la ressent, est simplement une occasion de connaissance de soi, pour peu que l'autre me le permette. Dès lors, les mots peuvent advenir.

Le regard d'autrui est ici essentiel, notamment par rapport à la honte : il est susceptible d'avoir un rôle d'autorisation et d'ouverture. Vincent de Gaulejac a analysé cet impact sur le plan social au cours de ses recherches sur le récit de vie[6]. Si votre mère, par exemple, a été femme de ménage, il se peut qu'avec les gens que vous voyez aujourd'hui, alors que vous faites partie d'un milieu d'avocats ou de professeurs, vous ayez secrètement honte de votre mère. Pour dépasser la honte qu'elle engendre, il faut en prendre conscience pleinement : la ressentir, en faire le récit. A l'Espace, les nombreux ateliers d'écriture, d'arts plastiques, de théâtre sont l'occasion d'évoquer à demi-mot ou complètement des éléments de notre biographie. Mais il faut bien noter qu'il s'agit de « remaniement créatif... La mémoire résiliente ressemble à celle des romanciers qui vont sur le terrain relever des faits précis afin d'alimenter leur fiction[7] ». La vérité objective importe beaucoup moins que la représentation des choses. Ainsi l'identité narrative se tricote parce que d'autres sont là pour écouter. Ce support d'attention permet de se décentrer pour mieux dépasser l'événement. On est à rebours d'une attitude fondée sur la plainte qui aboutirait à enfermer la personne dans son problème. Au cours de l'échange qui, dès lors, est rendu possible, il s'agit simplement pour l'intervenant d'apposer sa propre parole, son propre ressenti, à celui de la personne qui vient d'être traversée par un courant émotif, sans l'imposer.

Confidence

C'est toute la dialectique de la confidence. Boris Cyrulnik fait observer dans *Un merveilleux malheur*[8] que

---

6. Cf. *L'histoire en héritage - Roman familial et trajectoire sociale*, Desclée de Brouwer, 1999.

7. *Les vilains petits canards, op. cit.*

8. Odile Jacob, 1999.

celle-ci change celui qui la reçoit autant que celui qui l'offre. Elle améliore cette capacité de *résilience* des êtres (ce qui fait que la personne « s'en sort » ou non dans les situations de crise qu'elle traverse) en lui donnant du champ, un espace psychique, un droit au rêve, au mensonge même. Concrètement, un espace où elle s'accorde le droit d'être elle-même. « L'ambivalence, la contradiction, l'inaccessibilité de l'inconscient créent une détresse communicationnelle quasi quotidienne, un sentiment de solitude et d'incompréhension qui cède si ce sentiment même est reconnu par un témoin accueillant[9]. » Tout est affaire de bonne distance. Il y a un juste équilibre à trouver, en restant à l'écoute de soi-même, de ses propres limites, dans cette démarche d'ajustement créateur à la parole de l'autre qu'analyse Alain Delourme dans *La distance intime*[10]. On peut se vouloir écoutant à l'excès. Dès lors, le risque est d'interpréter de façon intrusive, hors de tout cadre approprié, ou de tenter des reformulations qui ne font rien avancer. S'il est possible d'accueillir l'émotion de l'autre amicalement, encore faut-il savoir s'arrêter à temps, en somme, et rester léger.

L'accompagnement des projets

Cette relation d'aide, on le voit, relève d'un accompagnement réciproque, où la relation est susceptible à tout moment de s'inverser.

---

9. Cf. Pierson, *L'intelligence relationnelle*, Éditions d'Organisation, 2000.

10. Desclée de Brouwer, 1997.

4. L'accompagnement réciproque

La multiplicité et la profondeur des rencontres constituent les apports évidents de l'Espace. Sur un même lieu, et dans un laps de temps relativement court, on peut rencontrer de façon approfondie un nombre important de personnes : autant qu'en deux ou trois ans de vie ordinaire, me semble-t-il.

La répétition de ces rencontres fait réfléchir, beaucoup plus intensément que si la même répétition se trouvait diluée sur plusieurs mois ou plusieurs années. Cette concentration saute aux yeux. Elle autorise un vrai *feed-back* global. L'Espace constitue de ce point de vue un creuset où chacun peut expérimenter quelque chose de lui-même.

Le plus passionnant, c'est que c'est « exportable ». Pour ma part, c'est à l'Espace que j'ai appris à parler devant un auditoire. Un exemple ? Je suis copropriétaire dans un immeuble : j'ai suggéré d'organiser une fête, parce que les gens se côtoyaient dans les escaliers ou les ascenseurs en osant à peine s'aborder. Quand on est passé à l'Espace, on est tout à fait en mesure d'introduire de la convivialité et d'organiser l'une de ces petites fêtes, habituelles ici, où chacun apporte quelque chose et où les gens peuvent se rencontrer le plus simplement possible. Ça ne pose plus aucun problème, alors que ceux qui n'en ont pas l'expérience croient nécessaire de tout organiser, de tout apporter : mais non, chacun apporte ce qu'il veut, et on voit !

Il y a comme une mise en confiance qui s'effectue – un réapprentissage du lien social. C'est quelque chose d'extraordinaire et de tout simple qui s'apprend à l'Espace et peut s'exporter dans son cadre de vie. Dans le domaine professionnel, c'est plus délicat, mais dorénavant, être confronté à vingt-cinq ou trente élèves qui réagissent collectivement ne m'impressionne plus du tout.

Dans le quotidien, dans la relation avec les élèves, le « transfert » existe. Tous les sondages montrent que les élèves attendent de l'enseignant qu'il ait une position d'adulte, pas seulement de technicien de la transmission des savoirs. Il est donc porteur d'une autorité, qu'il le veuille ou non, et c'est là que l'ado, le groupe, vont venir le chercher. Il faut répondre à ce défi, non pas en contre-attaquant, mais en tenant une position d'adulte qui fait respecter les règles auxquelles lui-même est soumis, tout en ouvrant à la parole, en dégageant quelque chose de perceptible dans la confiance. Être ferme, rigoureux et bon. Ce n'est pas *naturel* : il faut manifester à la fois quelque chose de la mère contenante, suffisamment bonne comme dit Winnicott, et quelque chose du père qui dit la loi à laquelle lui-même est soumis : qui énonce une parole, beaucoup plus formatrice évidemment que tous les châtiments.

Il s'agit en somme de mettre une parole là où quelque chose est éprouvé. C'est spécifiquement ce qui fonde l'humanité.

Claude Grech,
enseignant, psychologue clinicien

Groupes d'échanges

L'intégration de cette dimension explique qu'il est fréquent que se rencontrent à l'Espace des personnes concernées par des problématiques communes. Personnes en instance de séparation, adolescents préoccupés par leur sexualité, couples en crise ou souhaitant réfléchir sur l'éducation, formateurs indépendants réfléchissant à leurs stratégies professionnelles, personnes exposées à des maladies graves ou à des conversions professionnelles imposées, femmes envisageant d'avoir un enfant, futurs créateurs d'entreprise... Tous ces cas de figure, et bien d'autres, relèvent du capharnaüm ordinaire de la vie et peuvent donner lieu à des *groupes d'échanges*. Ils permettent aux participants de sortir de l'isolement, de se décentrer et de réfléchir, sans que personne jamais ne se trouve en situation de leur dire « ce qu'ils devraient faire ». On partage, dans une logique de réseau ou de « socialisation horizontale ».

Il y a là un enjeu de reconnaissance. Il importe de le distinguer de la question de la réussite ou de l'échec du projet. Les consultants spécialisés dans l'accompagnement de projets se multiplient dans les entreprises. Il est tout aussi possible d'accompagner les projets individuels, en développant la même écoute multicouches de la complexité des situations, en mettant au service de cette écoute notre part, variable, d'expertise, d'amitié, de distance et de proximité. Il en va finalement de cet accompagnement concerté comme de la conversation. Il implique une certaine légèreté, une vraie conscience de sa relativité et de ses limites : une éthique.

Coaching

Nous accordons aujourd'hui davantage d'importance aux réalisations concrètes et aux techniques. L'acceptation de l'émotion et de l'émergence reste essentielle, mais elle doit être suivie d'autres phases : il s'agit ensuite, en effet, de développer une vision dynamique, orientée plus nettement vers l'action concrète. Une proposante de l'Espace, Brigitte Warnez, coach professionnel par ailleurs, accompagne autrui vers ses réalisations en le questionnant : « Comment voyez-vous les choses évoluer ? Qu'allez-vous faire pour changer ? Qu'attendez-vous de ces évolutions ? » Elle travaille la cohérence de la personne, l'aide à élargir sa vision et à prendre en compte les différentes facettes d'un même problème. On évite ainsi la morale du « tu dois-il faut » – ce que Jacques Salomé nomme le « langage klaxon » –, on encourage, on réassure, mais en même temps on questionne de façon pointue : « Comment allez-vous vous y prendre ? Et là, que risque-t-il de se passer ? Imaginez-vous un autre scénario ? »

L'accompagnement peut ainsi se centrer sur des points très précis, éviter de renforcer la plainte et le *pathos*, prendre en compte des cas de figure extrêmement variables. Si la personne se trouve en position de dévalorisation personnelle, on commencera par exemple par lui donner des signes de reconnaissance. En fait, le plus grand cadeau à lui faire, c'est de la reconnaître comme elle est, de la voir, de l'entendre dans ce qu'elle ressent ponctuellement, dans sa parole. Si elle désire explicitement aller plus loin, on l'aide non à faire des efforts pour être ce qu'elle n'est pas, mais à accepter ses forces et ses faiblesses comme un point de départ réaliste et commode, pour découvrir à partir de là son propre potentiel de croissance. Si elle manifeste de l'ambivalence entre passivité et révolte, on pourra l'aider à comprendre que révolte et soumission peuvent relever du même comportement réactif, et qu'il lui faut développer ses projets de façon autonome. « Nous avons tous besoin, note Serge Tisseron, de nous sentir contenus et portés par notre vie psychique. Pour cela, nous devons développer durant notre vie entière des éléments portants et protecteurs avec notre environnement[11]. »

Il n'y a pas d'attitude juste en soi. Suivant les nécessités du moment, chacun a besoin de laisser parler en lui l'enfant joueur, l'adulte normatif ou nourricier, ou la personne en demande. Cette approche de l'autonomie et cette finesse de la perception des phases sont particulièrement développées dans la culture du coaching. Elle constitue un développement original de la psychologie humaniste, et est à ce titre bien représentée à l'Espace.

---

11. Cf. *Y a-t-il un pilote dans l'image ?*, Aubier, 1997.

Développement personnel, mode d'emploi

Limites

Ces précisions permettent néanmoins de pointer la principale limite, à l'Espace, de cette culture de la relation d'aide. Le lieu fonctionne comme un système très ouvert. Personne n'est là pour prendre en charge qui que ce soit, l'écoute et l'attention qu'on donne ou qu'on reçoit reposent sur une capacité d'échanges équilibrés. L'Espace ne peut en aucune manière colmater les angoisses. Il est clair que s'y adaptent beaucoup mieux les personnalités déjà structurées, voire un peu raides – elles y passent à l'attendrisseur en en tirant de grands bénéfices.

L'Espace *a fortiori* ne peut remédier à des formes de difficultés qui ne relèvent pas seulement du « développement personnel ». La personne qui décide de faire une thérapie ne le fait jamais seulement pour « se développer », mais pour lutter contre des troubles graves, une impuissance devenue consciente à aimer ou à travailler. Aucune « technique », à ce stade, ne permet à quiconque de faire l'économie d'un travail thérapeutique en profondeur, impliquant la reconnaissance d'une trajectoire et de nœuds relationnels profonds.

Cette première limite en signale sans doute une seconde, qui concerne au fond toutes les démarches relevant du développement personnel[12]. L'idéologie du développement personnel reste prise dans une logique individualiste et une signification ambiguë. C'est ce que souligne, peut-être à l'excès, l'un des rares livres sur ce thème, *Le développement personnel* de Michel Lacroix[13].

---

12. L'expression elle-même est d'ailleurs de moins en moins utilisée à l'Espace. Pour ma part, je préfère parler de recherche d'épanouissement, formule qui me semble échapper à toute ambiguïté.

13. Flammarion, collection « Dominos », 1999.

L'auteur force évidemment le trait lorsqu'il souligne le caractère potentiellement « amnésique » d'un courant qui prône « un homme planétaire, transculturel, sans attaches véritables, naviguant dans le patrimoine de l'humanité, faisant son miel de tout et ne craignant pas le syncrétisme ». Il y voit le modèle plaqué d'un homme au narcissisme renforcé, ivre de sa pensée dans le double domaine de la relation et de l'efficacité : un braconnier perpétuel, plus ou moins doué pour la manipulation.

On s'éloignerait sensiblement alors, en effet, de l'idéalisme d'Abraham Maslow. Cet idéalisme, il est vrai, semble avoir fait long feu dans une société qui frappe toute motivation idéale d'un véritable tabou. Le risque est bien que s'affirme simplement, dans un seul souci d'adaptation au monde « tel qu'il est », la volonté de puissance d'individus bardés de techniques. Ce technicisme expliquerait, selon Lacroix, les deux tendances actuelles auxquelles il rattache toutes les techniques de « développement personnel ».

Le *culte de l'ego* y est la tendance dominante. En phase avec le *Be happy, everything is all right* des séries télévisées, il conduirait, selon une formule empruntée à Pascal Brückner, à « se gérer à la manière dont on gère un petit capital fait de talents et de potentialités physiques et psychiques, qu'il s'agit de placer pour en obtenir un rendement[14] ». Que reste-t-il alors, questionne Michel Lacroix, du don de soi, de l'inattendu, de l'acceptation de la part non maîtrisable de notre existence ?

A cette tendance s'opposerait une tendance plus « fusionnelle ». Celle-là ne vise pas à renforcer le moi, mais plutôt à le dissoudre dans le cosmos, dans des états de « supra-conscience ». Il y a une recherche excessive d'émotion qui cache un vide intérieur. Souvent les

14. Cf. *L'euphorie perpétuelle*, Paris, Grasset, 1999.

personnes s'inventent des histoires et des perceptions extraordinaires. Par une surchauffe de l'imagination, l'individu surévalue son intuition, « il ressent tout », à la limite il s'octroie des « pouvoirs ». En fait il est tout simplement déconnecté. Le risque est cette fois celui de l'indifférenciation : l'individu se coupe de la société en évolution, et de ses conflits, au profit d'une rêverie perpétuelle, nourrie par exemple de techniques astrologiques ou de méditation. Il y a une certaine folklorisation qu'on a vue à l'œuvre dans certaines tendances New Age, « l'intuition mise à toutes les sauces » qui aurait tendance à se substituer à la rigueur et à la discipline.

Ces deux tendances renvoient au même risque : que les techniques de développement personnel agissent comme celle du *patch* proposé aux personnes qui tentent d'arrêter de fumer. Pendant un temps, il semble avoir une efficacité réelle; puis le souffle retombe, et la personne passe du *patch* à autre chose, qui aura de nouveau, un temps, la même fonction d'anesthésiant.

Une histoire à intégrer

Les techniques de développement personnel ont néanmoins une utilité certaine, mais il convient de ne pas être entièrement dupe de leur rôle de truchement, ou de médiation. On peut apprendre une foule de techniques; bien souvent on les utilise peu, parce que des problématiques plus profondes sont à l'œuvre. Agir sur le symptôme est alors de peu d'effet. Prenons l'exemple de la relaxation : apprendre une technique de relaxation, détendre son dos, respirer plus amplement est efficace dans un premier temps. Surtout si la relation avec l'animateur est bonne. Mais l'énergie retenue dans ce dos bloquée ou cette respiration limitée va affluer, qu'en faire ? Comment l'intégrer ? Ne risque-t-on pas de la convertir en angoisse ou dans un autre symptôme ? Autre exemple : la noria des régimes. Chacun connaît les régimes : associés, dissociés, mono-diete, superprotéinés, mégavitaminés... Des conseils qui font la base des journaux féminins et, de plus en plus, masculins. Mais on sait bien que maigrir, et surtout ne pas regrossir, est beaucoup plus difficile. Car maigrir, c'est toucher à l'image du corps, à l'image de soi, aux relations archaïques de nourrissage, donc au fondement même de l'individu. Y est-il prêt ? Que va entraîner la perte du symptôme si celui-ci est une béquille sur laquelle il prend appui pour avancer ? Peut-il supporter cet effort ou bien va-t-il saboter la concrétisation de son désir par une angoisse trop importante d'un changement plus complexe qu'il n'y paraît.

Toutefois, si l'on fait le deuil d'une sagesse immédiate, ces techniques ont le mérite de fournir un langage et des repères, d'éclairer des situations, d'ouvrir une zone d'interaction avec les autres. Les notions de dialogue intérieur, développé par la PNL, ou de contrat, tel que le travaille l'AT, ou encore de phase de contact dans la Gestalt, sont des exemples d'outils de communication qu'il serait possible de mettre au programme dès la petite école. Par contre, il existe une sophistication de plus en plus grande des techniques de communication où l'on apprend à « influencer » son interlocuteur en se synchronisant sur ses gestes et ses représentations... Où est donc l'authenticité ? Ésope avait déjà dit que la langue était la meilleure et la pire des choses. A trop utiliser des recettes on risque de rendre la situation confuse et de s'éloigner de son intuition. Les manipulations deviennent risibles quand elles sont repérées. Heureusement, la qualité d'un échange dépend de la cohérence et de l'ouverture d'un individu. Au-delà des trucs relationnels, la véritable communication vient du profond de soi et d'une intuition qui guide celui qui est à l'écoute. Le message passe quand l'individu a vraiment envie de communiquer. Le message n'est pas simplement dire mais être.

Plutôt que l'identification à un quelconque syncrétisme de l'homme moderne associant les techniques de développement personnel aux sagesses orientales, il me semble que chacun de nous devrait chercher à dépasser ce que Jung appelait « la petite personne », au profit d'une histoire personnelle plus intégrée. Nous ne sommes pas uns, mais pluriels. Nous ne sommes pas tout-puissants, quel que soit notre degré de maîtrise de toutes sortes de techniques, mais voués au tâtonnement, au surgissement malencontreux, de loin en loin, de notre irréductible part d'ombre. Freud expliquait quant à lui que la résolution du complexe d'Œdipe oblige simplement à se situer parmi le commun des mortels, en permettant d'évoluer par rapport à cette réalité. Et si nous avons traversé des épreuves, des conflits, des deuils, des ruptures, dont aucune technique de développement personnel, aucun livret de compétences achetables, ne nous aurait permis de faire l'économie, c'est ce qui nous a rendus *coriaces* et nous a permis d'avancer[15] !

Il est concrètement possible à l'Espace de percevoir l'intérêt et les limites de chaque approche. L'endroit fonctionne souvent comme un miroir grossissant, un lieu-test pour choisir, s'essayer puis passer à autre chose, chercher l'élément essentiel qui convient. Chacun y a le loisir d'apprivoiser l'ensemble du clavier. Les techniques sont proposées simultanément, y compris dans leurs oppositions. On ouvre des portes, on s'expérimente soi-même. Ce contexte rend à peu près impossible de s'illusionner. La diversité des approches, le fait de la densité autour de soi de personnes qui ont déjà cheminé et pratiqué telle ou

15. C'est le principe de résilience, développé par Boris Cyrulnik dans *Un merveilleux malheur*, Odile Jacob, 1999.

telle technique permettent d'interroger, comparer et constituer son opinion avec le recul nécessaire.

Chaque participant recourt donc à telle ou telle proposition pour mettre en scène ses tentations du moment. Mais nous l'incitons à prendre de la distance, à rétablir son silence intérieur et ne pas confondre agitation émotionnelle et sentiment autonome de soi. Les activités à l'Espace sont moins des recettes que des façons stimulantes d'interroger et d'éclairer son existence et son environnement. L'émotion partagée sur l'instant ne dispense en rien, comment l'ignorer, de la relier à sa propre histoire, à ses enracinements, ou aux déterminations socioculturelles de son parcours.

Le jeu

Plusieurs vies en une

La culture de l'accompagnement réciproque constitue le complément du soutien à l'initiative. L'expérimentation recèle une dimension ludique. Rêver sa vie, découvrir ses possibles, imaginer d'autres façons de faire ou d'entrer en relation avec autrui, s'essayer au pinceau, au marbre ou à la scène, être expert-comptable et se changer pour quelques heures en éboueur, en s'accordant le droit au tâtonnement et à l'erreur, ouvrent sur un espace du jeu. Cette ouverture associe le divertissement et la recherche de l'épanouissement, le bricolage et l'imaginaire.

Ceci m'évoque le souvenir d'un jeu d'enfant qui se joue à deux équipes. Chacun dispose de trois vies, représentées par trois boucles de tissu passées à la ceinture. On est mort lorsqu'on a perdu ses trois vies. Mais en attendant, on dispose d'un fonds, d'une réserve, qui donne une audace incroyable. Pasolini disait : « La vérité n'est pas dans un rêve, mais dans plusieurs. » Comment interpréter cette phrase ? Pour ma part, j'y vois une définition possible du jeu : l'art de faire vivre un rêve à plusieurs personnes tout en expérimentant une certaine vérité. Ce rêve, présent dans tous les jeux, est celui d'un monde réenchanté qui échappe provisoirement au conflit. C'est aussi l'expression du besoin, aujourd'hui de plus en plus fort, d'être à la fois actif et réceptif, concret et créatif, sérieux et amusé.

De fait, les initiatives ludiques ont toujours été extrêmement nombreuses à l'Espace. En 1990 par exemple, Joël Savatovsky, kinésithérapeute (mais aussi psychologue et directeur d'un institut de formation au massage), constatant qu'on se déplace beaucoup sur ce terrain, se souvient de l'un de ses jeux de gamin : il jouait au conducteur de bus. Le voilà qui se met à imiter le bruit du moteur avant de déclarer à ceux qui l'entourent : « Il est l'heure du déjeuner, je vais aux tables, qui est-ce que j'emmène ? » Et c'est parti, à trois puis à dix, le jour même puis le lendemain et les jours suivants. Les gens le sollicitent, jouent le rôle du mécanicien, du contrôleur, comme dans une séance de théâtre improvisé. Des séquences enrichissent le scénario, attaque de navette, crevaison, pannes. Puis, la navette est proposée à l'accueil aux nouveaux arrivants qui se grattent un peu la tête...

Ces initiatives débouchent souvent sur une réflexion. Le jeu est élaboré comme un modèle d'investigation qui permet de découvrir des facettes ignorées de soi et de l'autre. Chacun peut en outre devenir à son tour le maître de cérémonies, c'est-à-dire, détail important, adopter une posture spécifique et une responsabilité différente de celle des joueurs !

Ce changement de posture vaut bien entendu *a fortiori* pour les animateurs : avant toutes choses, ils doivent apprendre à être *contenants* : à proposer un cadre à la fois souple et structurant. Les initiatives sont d'autant plus faciles à prendre en effet, pour les participants, que le cadre est explicite et rassurant.

Tâtonnements initiaux

Je peux illustrer l'idée *a contrario* en revenant sur les débuts de l'Espace. Un après-midi, quelqu'un propose un bain d'argile sur la Gironde. Sur place, emporté par son envie, il se lance à fond, sans la moindre précaution, sur l'étendue d'argile mélangée à quelques coquillages pointus. Tout le groupe suit le mouvement, bien entendu, si bien qu'une dizaine de personnes subissent de petites estafilades, avant que le groupe prenne conscience du danger. Une discussion s'ensuit : quelqu'un se plaint de l'irresponsabilité du proposant ; d'autres reprochent aux participants l'absence d'une vigilance qui aurait dû être partagée par tous !

Autre exemple : dans un groupe de massage californien, une proposante montre un enchaînement de massages dorsaux avant d'inviter les membres du groupe à reprendre les mêmes exercices deux par deux. Elle s'aperçoit alors qu'un couple à l'écart transforme l'exercice, le faisant évoluer vers des caresses à la limite du sexuel. Elle les rappelle alors vertement à l'ordre. Un débat s'ensuit. Beaucoup sont d'accord avec le recadrage de la proposante. D'autres la trouvent trop cassante et souhaitent plus de finesse dans la façon de réguler les écarts. Un provocateur préconise même le laisser-faire intégral.

Il n'existe pas forcément de solution parfaite. Le proposant n'est pas à l'abri d'une défaillance, et le devoir de vigilance est aussi collectif, en effet. Il ne s'agit donc pas de privilégier mécaniquement le plus petit commun dénominateur, mais de prendre en compte la diversité des personnes présentes. Les animateurs en tout cas ne peuvent se contenter de suivre leur bon plaisir du moment. Ils ont à penser la situation, de la place qui est la leur. L'analyse transactionnelle nous fournit de ce point de vue un bon outil de mise en place des groupes : « le contrat triangulaire » – toute activité met en contact un proposant, des participants et une institution. Établir un contrat de groupe, c'est prendre un temps pour l'expression des attentes et des limites ; c'est aussi clarifier les non-dits, reprendre certains des points de la Charte de l'Espace, que chaque participant signe à son arrivée ; c'est définir un cadre consensuel qui fédère les initiatives des participants.

Ces exemples permettent peut-être de sentir comment la culture de la relation d'aide, qui s'expérimente en général à l'intérieur de groupes restreints, dans le cadre étroit d'actions de formation ou de groupes thérapeutiques, s'est peu à peu diffusée, à l'Espace, au-delà des activités, pour investir la vie quotidienne et l'espace institutionnel. C'est toute l'expérience vécue de ces vacances pas comme les autres qui se trouve ouverte à l'expérimentation, au jeu... et à l'accompagnement. Le camping – même complété par des chambres en dur et plusieurs dizaines de caravanes ou mobil-homes – invite en somme à une expérience d'*immersion* : on s'installe au village et on y cultive les différentes figures de l'intimité. Elles composent ce bonheur très particulier que rend possible la recherche d'une finesse relationnelle.

2. Les socialisations

Chacun pense vivre dans une société plus ou moins homogène, se vivant comme divisé face à un monde unique. Mais l'éleveur cloîtré avec ses moutons et luttant contre la fièvre aphteuse ne vit pas dans le même monde que le fonctionnaire européen de Bruxelles. Nous habitons les uns et les autres des mondes pluriels, pleins de fractures et d'incompréhensions. Nos représentations de l'autre et de nous-même sont kaléidoscopiques. Cette ignorance du monde d'autrui est d'autant plus perverse qu'elle agit à notre insu : « Nous vivons auprès d'êtres que nous croyons connaître : en fait bien souvent il manque l'événement qui les fera apparaître tout à coup autres que nous les savons[1]. »

L'Espace fourmille d'événements qui permettent de modifier les représentations que nous avons de nous-même et de l'autre. L'échange autour de l'éprouvé en est le cheval de Troie. Car les ateliers provoquent une ouverture des mondes, permise par ce que j'appelle les passe-

1. Cf. Marcel Proust, propos rapporté par Pierre Assouline, Gallimard, 2001.

relles de l'intime. L'identité s'y trouve ainsi en perpétuel remaniement, en confrontation et en débat, de façon délicate.

L'avènement de l'intime

Le retour du sujet

La diffusion de techniques relationnelles propres aux ateliers a conforté et vivifié, à l'Espace, une conception originale de l'aide à l'initiative. C'est l'abondance et la richesse des interactions entre les personnes, alliées au moteur de l'identification (au proposant et aux autres participants) qui les rendent si fécondes. Dans un groupe de peinture, par exemple, chacun souhaite faire reconnaître la qualité, ou du moins l'intérêt, de sa production, et par là même de sa personne. De même, dans un groupe d'analyse transactionnelle, l'identité de chacun, comme son aptitude à entrer en relation avec autrui et avec lui-même, se trouvent mises en jeu. Autrement dit, la *socialisation*, entendue comme ce processus jamais terminé à travers lequel un individu devient véritablement une personne[2], est constamment à l'œuvre.

Les enjeux de la socialisation dans le domaine du tourisme ne sont pas ignorés par les spécialistes du loisir. L'aura un peu trouble, de « club de rencontres », dont bénéficient peu ou prou la plupart des villages de vacances, est sans doute intensifiée dans le cas de l'Espace par la référence aux techniques mal connues de la psychologie humaniste – « Ils se massent ? Se font des bains de boue ? De la danse primitive ? » On imagine la suite. C'est qu'à l'Espace se sont frayées les voies d'une petite révolution à caractère sociétal et culturel : la révo-

2. Cf. Kurt Danziger, *Socialization*, Londres, Penguin, 1971.

lution de l'intime. Il s'agit de l'un des tout premiers lieux où l'intime a été systématiquement socialisé, mis en question[3]. Quelque chose, là, a pris forme, qui n'était pas ou peu visible jusqu'alors. Les pratiques nouvelles de l'intime, le langage permettant de les nommer, n'existaient pas, il y a encore peu de temps, dans le champ social. Cette rupture, y compris avec le climat culturel très structural-conceptuel des années 60 comme, plus tard, avec celui, très libéral-non libertaire des années 90, se joue autour du *sujet*.

Alors que les discours en vigueur valorisaient les *fonctions* – chacun est actif ou chômeur, producteur ou retraité, époux ou divorcé, fonctionnaire ou ingénieur commercial –, c'est désormais l'expérience individuelle qui focalise l'attention : la subjectivité, le corps, le vécu, les désirs et la difficulté de les réaliser comme de les contrôler. On en revient (enfin) à ce que depuis toujours nous murmurent les contes, la littérature et l'art. A ce que souligne aussi, de façon plus récente, la psychanalyse, qu'elle soit orthodoxe ou issue de l'une des innombrables variantes élaborées par les épigones de Freud. Cela nous ramène à toute une conception du sujet, accordant sens et valeur à l'être. L'intériorité cherche en somme à se démocratiser, là où elle semblait réservée à quelques privilégiés payant souvent, pour ce faire, le prix fort.

Intime ?

En quoi consiste cet intime nouveau ? L'expérience d'Armand est à cet égard exemplaire. Un jour, au cours

3. Ceci explique d'ailleurs les fureurs, incompréhensions et jalousies suscitées çà et là par l'Espace : elles tiennent à l'importance de la dimension intime de ce qui s'y vit. L'intime est toujours un territoire à défendre, à protéger : il déclenche très vite le retour du refoulé, de la peur.

d'un jeu, un participant d'une quarantaine d'années, Armand, se trouve choisi par un jeune homme qui l'emmène à l'écart du groupe. Les yeux humides, il se lance dans une confidence qui devient très vite une demande : « J'ai souvent très peur de la vie... je n'ai pas connu de père... Voudrais-tu être mon père, là, pendant un moment ? » Armand, interloqué par cette demande incroyable, regarde le jeune homme, écoute sa détresse, marque un temps d'arrêt. Puis il s'approche et le serre contre lui en signe d'acceptation. « J'ai été totalement surpris », expliquera-t-il plus tard. « J'ai commencé par penser que "cela ne se faisait pas", puis, sentant l'intensité de sa demande, j'ai accepté. »

Le Robert de la langue française définit l'intime comme ce qu'il y a « d'intérieur et de profond », ce qui existe « au plus profond d'un être, à l'inverse de ce qui est public, superficiel, froid et extérieur ». La relation intime est paradoxale. D'une part, elle repose sur une vraie proximité – une bulle variant de 0 à 1,20 m, des plus réduites du point de vue du contact comme de la parole, où le toucher comme la confidence sont immédiatement possibles, où la texture musculaire, la couleur de la peau, les variations de la pupille, les changements respiratoires sont perceptibles.

D'autre part, elle repose sur un grand respect de la pudeur, sur le non-jugement et sur une certaine distance entre les deux personnes. La proximité physique doit être relayée, ou compensée, par une grande finesse de présence, qui évite la fusion. La distance intime demande donc un ajustement constant : elle ne doit être ni trop grande ni trop réduite. Enfin, les conditions permettant de trouver la bonne distance intime avec autrui supposent réunies les conditions d'une authentique sécurité intérieure. Il faut donc savoir affiner sa curiosité, accueillir et regarder ce qui se passe. Être dans l'empathie plus que dans l'identification ou l'affect, prendre le temps de l'apprivoisement. C'est d'autant plus important à l'Espace que cette distance mesurable de l'intime est franchie régulièrement notamment lors des massages ou des innombrables jeux de rôles qui s'y déroulent.

Il faut donc savoir qu'il existe une posture de l'intime, qui est une posture de responsabilité. L'intime naît dès que, dans une situation quelconque, on peut sentir que l'autre est présent non dans une attitude préfabriquée, mais qu'il s'implique de façon distanciée, prend le temps d'écouter, de se centrer sur soi tout en étant en contact avec ses propres sentiments. Il s'agit d'une sorte de vacuité positive, impliquant l'aptitude à dissocier et à repérer ce qui relève du transfert ou du contre-transfert. Il s'agit également d'un mode de présence qui se cultive dans des espaces spécifiques, au sauna ou dans un atelier, tandis que dans d'autres, en assemblée générale par exemple, l'intimité sera évitée au nom de l'urgence ou de l'efficacité.

« L'identité personnelle, estime François de Singly, se construit dans deux mouvements complémentaires : d'une part l'exploration d'un soi original qui requiert l'ouverture à autrui dans la possibilité d'aller au fond de soi pour découvrir ses ressources cachées et d'autre part d'un soi intime, privé, qui demande le secret afin d'échapper à la tyrannie de l'identité pour autrui. La relation à un autrui significatif permet d'avoir une vision du monde stabilisée et un sentiment d'unicité de soi qui parvient à se penser comme irréductible aux images multiples renvoyées par les autres[4]. »

Robert Neuburger précise quant à lui que notre société n'autorise guère que trois territoires intimes :

---

4. Cf. *Libres ensemble*, Nathan, 2000.

celui de la personne, celui du couple et celui de la famille[5]. Il définit la relation intime comme « la *privacy* anglo-saxonne, espace qui est sous notre responsabilité, que nous gérons selon des principes qui nous appartiennent [...]. Libre à nous d'ouvrir ou de fermer ces espaces selon notre volonté et à qui nous le désirons. Ce sont aussi des zones franches qui bénéficient d'une certaine forme d'extraterritorialité juridique [...]. Dans ce sens, l'intime est le légalement caché ». Il ajoute que l'intime existe également dans les groupes d'amis ou dans les relations fraternelles, mais que, à la différence des espaces officiels de l'intimité, ceux-ci ne bénéficient d'aucune légitimité particulière. De ce point de vue, on pourrait dire que l'Espace élargit le domaine de l'intimité visible et légitime.

La densité des animations de proximité proposées à l'Espace explique sans doute l'importance de cet aspect de la vie espacienne. Ateliers de travail sur soi et de création recourent à des techniques et à des situations qui conduisent à élaborer de l'intime. L'Espace attire de plus en plus de personnes par la possibilité qu'il offre de s'initier à de nombreuses disciplines corporelles, psychologiques, artistiques ou liées à la communication. Cette tendance s'est amplifiée depuis le début des années 90, lorsqu'il a été décidé de promouvoir des ateliers moins centrés sur le « développement personnel » que sur l'expression artistique.

5. Cf. *Les territoires de l'intime - L'individu, le couple, la famille*, Odile Jacob, 2000.

L'extime

Définition

Dans un groupe restreint, cette culture de l'intime est d'abord vécue et perçue comme une culture de l'éprouvé. Cette valorisation opère une rupture forte avec les pratiques ordinaires. L'intime se trouve exprimé et partagé dans un cadre qui n'est plus celui de la solitude, du couple ou de la famille, mais d'un groupe, constitué par des personnes qui bien souvent ne partagent rien d'autre que ce qui les a réunies. Elles se retrouvent là hors des enjeux sociaux ordinaires. L'intimité est alors *extimée*, si l'on m'accorde ce néologisme que certains spécialistes du journal intime utilisent déjà pour caractériser les journaux d'écrivains qui ne traitent pas de la vie intérieure de l'auteur, mais de son environnement[6].

Je l'utilise quant à moi pour désigner ce mouvement qui fait passer de l'intime secret à une socialisation proche. L'extime a au fond une fonction de chrysalide : il sert à transformer la larve en papillon. La chenille, qui vit dans le monde souterrain et obscur (de l'intime) va se métamorphoser en papillon, vivre dans le monde aérien et lumineux (de la société). La chrysalide, ou l'extime, constitue cet espace de possibilités grâce auquel l'individu se tisse avec le monde. Faire une confidence, peindre, écrire un récit, lire un poème choisi, aider quelqu'un : toutes ces activités sont des moments de partage essentiels. Sur ce fil du rasoir où l'on peut aisément basculer de moments de déprime en moments d'excitation, chacun se tricote son extime. Il s'agit d'une sorte de geste singularité/pluralité, qui lui permet de prendre son véritable essor. Il passe ainsi « du secret, du caché et du

---

6. Comme le *Journal du dehors* ou *La vie extérieure*, d'Annie Ernaux, publiés l'un et l'autre par les Éditions Gallimard.

honteux[7] », d'une phase inconsciente obscure, nocturne, à une phase d'épanouissement externe, suffisamment construite pour que l'individu s'affirme. « La découverte de ma propre identité, nous rappelle Charles Taylor, ne signifie pas que je l'élabore dans l'isolement mais que je la négocie par le dialogue, partiellement intérieur, avec d'autres. Ma propre identité dépend vitalement de mes relations dialogiques avec les autres[8]. »

L'Analyse transactionnelle postule que l'intime a toujours besoin de temps et de disponibilité pour s'épanouir. Elle distingue dans le temps quotidien six temporalités – activité, passe-temps, rituels, retrait, jeux psychologiques de toutes sortes, intimité. Dans le même ordre d'idées, saint Benoît répartissait les heures de la journée entre activité, repos et prière. La prière constitue ici le temps de l'intime : il est ouverture, disponibilité, orientation vers le sacré. Au cours de nos vacances modernes, le temps de vacuité joue ce rôle. L'étymologie latine de vacances, du reste, est *vacare* : « être vide », ce qui nous invite à laisser des temps en jachère au lieu de remplir à tout prix notre emploi du temps d'activités obligatoires. A l'Espace, chacun est renvoyé à cette encombrante disponibilité qui est la condition de l'intime. Souvenons-nous que les moments d'intimité partagée sont la possibilité pour l'enfant (ou pour l'adulte) de se refaire un territoire personnel après le moment de partage.

Territoires

L'intimité constitue en général, et dans un groupe tout particulièrement, un enjeu très fin de territorialité :

---

7. Cf. Jacques Donnars, *Vivre*, Le corps à vivre, Tchou, 1979.

8. Cf. Charles Taylor, *Les sources du moi - La formation de l'identité moderne*, Seuil, 1998, cité par Jacques Arène, Desclée de Brouwer, 2000.

des territoires doivent être respectés ; surviennent des moments de flux et de reflux, et c'est la pudeur, non l'intrusion, qui en constitue la valeur cardinale. Elle repose par conséquent, et ceci vaut pour tous les couples au-delà de la dyade mère-enfant, sur des codes permettant aux deux espaces de communiquer, ou d'interrompre provisoirement la communication.

C'est ainsi que Jean-Claude Kaufman a exploré les modalités très subtiles de la gestion de la pudeur dans le cadre de la salle de bains familiale. Il faut que chacun s'adapte au rapport à la nudité ou à la pudeur de l'autre, celui qui semble le plus à l'aise avec la nudité ayant aujourd'hui tendance à imposer sa norme, à rebours de ce qui se passait il y a une génération à peine. Et les enjeux sont importants, pour le pré-adolescent qui éprouve soudain le besoin d'ériger des barrières comme pour le couple qui doit apprendre à jouer des règles de pudeur ou d'exposition, en sachant qu'il y va du désir ou du dégoût[9]. C'est assez similaire dans les groupes où l'on « s'essaie à l'intime » : l'échange ne peut jamais être extorqué.

L'intime, en somme, s'apprivoise. Les études de Daniel Stern sur les bébés ont mis en évidence l'importance du facteur temps dans ce domaine[10]. Quelque chose (et quelqu'un) se dévoile, une fraction de seconde : un regard, une respiration différente, une mimique,

---

9. Ce commentaire doit beaucoup au souvenir d'un article de Jean-Claude Kaufman, intitulé : « Baignoire mode d'emploi », mais dont je n'ai pas retrouvé les références. Jean-Claude Kaufman a fait dernièrement paraître *Corps de femmes, regards d'hommes - Sociologie des seins nus*, « Pocket », Presses de la Cité, 1998, et *La femme seule et le prince charmant*, Nathan, 1999.

10. Daniel Stern, pédopsychiatre et psychanalyste, enseigne la psychologie à l'université de Genève et la psychiatrie au Cornell University Medical Center de New York. Il a notamment fait paraître *Le journal d'un bébé* (Calmann-Lévy, 1990) et *La constellation maternelle* (Calmann-Lévy, 1997) dont s'inspirent ces remarques.

montrent qu'un éveil est à l'œuvre, puis c'est le retour à une activité plus triviale ou solitaire. Et cette fraction de seconde fait ancrage. Stern, et d'autres après lui, ont mis en évidence le fait que les bébés ont des temps d'éveil relativement courts. Les parents ont tendance alors à trop stimuler leur bébé pour prolonger cet instant de grâce : en l'épuisant au lieu de le valoriser en sachant parfaitement qu'il va, pour un temps, disparaître. Chez l'adulte, il n'en va pas de façon si différente. L'instant d'éveil correspond souvent à un mot ou à un geste déclencheurs. Même dans la danse ou le rapport amoureux, ces instants forts sont relativement brefs. C'est l'instant d'« ouverture du talent » des tenants de la PNL.

Dans une certaine mesure, les rituels que s'inventent les couples comme les groupes ont pour fonction de créer le cadre protecteur propice à cet échange de l'intime. Ils ouvrent tout en restant « contenants » : ils donnent un cadre, qui rend possible l'extime, mais pour un temps, qui peut être très bref.

Les passerelles de l'intime

L'exposition de soi

Dans les groupes, cette proximité complice du sens en cours d'élaboration va de pair avec l'affaiblissement du « regard perçant » (critique, jugeant, interprétatif, distancié) : la proximité est favorable à l'éveil du désir, des émotions, des réactions affectives. Elle se module autrement que dans le contexte social, où l'indifférence banale fait que le moindre élan peut être paralysé par un sourire condescendant ou un jugement tranchant. La spirale de l'intimité repose sur l'acceptation d'autrui, à rebours de la spirale dépressive-dépréciative, qui est notamment celle du harcèlement moral. Comme le résume avec son humour noir habituel Pierre Desproges, cité dans *Le harcèlement moral*[11] : « Un mot qui vient bien, ça peut tuer ou humilier sans qu'on se salisse les mains. Une des grandes joies de la vie, c'est d'humilier ses semblables. »

Cette exposition de soi, avec la part de prise de risque qu'elle implique, est la condition *sine qua non* d'un échange authentique. Elle repose sur le désir de rencontres, comme le remarque dans *Le Nouvel Observateur*[12] Xavier Emmanuelli, cofondateur de l'association Médecins sans frontières. Reprenant une formule de Malraux, selon laquelle l'homme est « un misérable petit tas de secrets », il ajoute : « La pudeur permet de préserver ce qui nous paraît essentiel de garder secret. Sinon, on est un hussard, on viole l'autre. Mais hormis cette limite, il faut s'exposer pour provoquer la rencontre. C'est encore plus vrai lorsque je suis avec un exclu. Il a fait le diagnostic de sa situation et il s'imagine que moi aussi. Il sait que je sais, et je sais qu'il sait que je sais. Du coup, nous sommes livrés l'un à l'autre sans vernis social. Si je veux que le contact se fasse, je suis obligé de livrer un peu de mon être. Paradoxalement, il faut s'exposer personnellement, se dévoiler un peu, pour créer des liens et, par là, réintroduire la pudeur. » Boris Cyrulnik ne dit pas autre chose lorsqu'il observe, à propos des stratégies de la confidence, que pour faire ou recevoir une confidence, il faut avoir un moi suffisamment fort, suffisamment mature : la confidence est force, et non faiblesse[13].

---

11. L'ouvrage de Marie-France Hirigoyen est publié par les Éditions Syros (1998).

12. Hors-série n° 39, propos recueillis par Liza Telfizia, 1999. Les derniers ouvrages publiés de Xavier Emmanuelli sont *Dernier avis avant la fin du monde* (Albin Michel, 1999) et *L'homme n'est pas la mesure de l'homme* (Pocket, 2000).

13. *Op. cit.*

5. L’écoute du contact

Pour moi, le massage sensitif n’est pas vraiment du massage. Je suis parti d’une réflexion sur les techniques de massage, mais le travail porte sur le toucher, en tant que possibilité de contact avec l’univers. C’est celui de nos sens qui demande à être en prise directe avec l’autre, que ce soit un objet, un animal ou une personne. Le fait est réflexif : l’objet ou la personne que je touche me touche aussi. D’où le rapport qui existe entre le toucher et ce qui est du domaine psychique, que ce soit dans l’acquis ou la privation. Une partie de ce qui est sensitif n’est pas consciente, et c’est sur ce point qu’on peut faire des rapprochements avec le travail analytique qui ramène en quelque sorte de l’inconscient au conscient. Le sensitif travaille au niveau du sensitif pour ramener au perceptif : il fait prendre conscience de ce qui nous touche. Nous avons comme dans les autres techniques de massage des mouvements de base, mais nous ne les pratiquons pas pour masser.

A l’Espace, on peut pratiquer le massage sensitif pour le simple plaisir de toucher, ou d’être touché, ce dont on n’a pas toujours l’occasion. Ce peut être purement sensuel, mais on peut montrer à ces personnes-là que l’autre existe, que celui-ci n’est pas soumis à la volonté de celui qui veut toucher. Que révèle l’envie de toucher ? Le massage sensitif demande à la fois une prise de conscience et une éducation. Discuter des limites, des pulsions par lesquelles on est traversé, permet de prendre conscience qu’il y a un cadre, et que face à nos propres pulsions existent celles d’autrui. Le travail sensitif est toujours suivi par un temps d’élaboration verbale.

A l’Espace, les personnes sont en vacances, elles s’essaient au sensitif. Elles peuvent y trouver de la relaxation, de la détente, ou un meilleur sommeil, un contact différent avec l’autre. Le contact ouvre un autre espace que celui de la parole, notre psychisme y aborde l’univers autrement : qu’est-ce qui se fait, ou pas ? De quoi ai-je envie ? Que vont penser les autres ? Le corps raisonne à sa façon. Est-ce que c'est chaud ou froid ? agréable ou pas ? Il ne se pose pas de questions. On vit avec le ressenti et la parole, il y a à les accorder, ce qui suppose parfois de se rencontrer.

De toute façon, la communication sensitive développe l'écoute, l'attention à l'autre. Quelle que soit la zone massée, c'est toujours l'ensemble du corps du masseur qui s'adresse à l'ensemble du corps du massé, donc la zone qui est massée a en elle-même moins d'importance. On masse la nuque, la main, le visage, un pied, c'est toute la personne qui se détend. La détente n'est pas le but en soi, mais c'est la première chose que la personne massée ressent très concrètement. C'est un début...

Claude Camilli,
psychothérapeute, spécialiste du massage sensitif

La fragilité rendue possible

Dans les groupes restreints dont la pratique s'inspire de la psychologie humaniste, comme dans d'autres ateliers « créatifs », l'attention positive du groupe permet à chacun, dans la mesure où il le souhaite, de mettre en jeu une intimité qui est la condition de sa créativité. Le groupe crée le cadre et les conditions favorables. Chaque participant peut alors s'exposer en mettant en jeu non seulement les modes secondaires de créativité, caractérisés par leur aspect rationnel, réfléchi, mais aussi, et avant toute autre considération, les modes primaires, enracinés dans l'intuition, caractérisés par la « spontanéité » ou l'« innovation créatrice ». Cela est d'autant plus important que la mise en jeu de cette innovation créatrice constitue un moment de fragilité pour l'individu : il part à la rencontre de lui-même et rapporte de ce voyage au pays de sa propre intériorité des fragments, des bribes enfouies, des réminiscences qui ont un retentissement dans ses profondeurs, mais appartiennent à sa sphère intime[14].

Le travail d'intériorisation ne peut se faire que si chacun, avant de se lancer, est certain que personne ne sera jugé, utilisé ou manipulé. Le groupe doit être, en somme, comme le terreau autour de la graine.

C'est pourquoi le regard espacien, à l'intérieur des groupes comme au quotidien, est rarement ironique – il est souvent amusé, et comprend une part d'autodérision. Le sérieux pur passe plus difficilement, comme s'il transgressait une règle implicite de légèreté. Une personne peut déjeuner seule, non parce que nul ne la connaît, mais parce qu'il est perceptible qu'elle souhaite manger tranquille. Le climat est donc plutôt à l'attention, au partage lorsqu'il est souhaité, au *feed-back* et à la dédramatisation. Chacun peut dévoiler ses incertitudes et ses cheminements : le code espacien en la matière est de voir le bon côté de ces tâtonnements. De sorte qu'il est même possible de solliciter le *feed-back* : « Toi qui es journaliste, que penses-tu de mon début de papier ? »

C'est à ces conditions que le sens des expériences engagées peut ensuite être questionné. Car l'éprouvé affectif lié à l'expérience, si fort soit-il, ne fait pas immédiatement sens : au contraire, puisque la force en question tient pour une part aux signifiants inconscients qui s'y trouvent en travail. Un bout d'intime est là, offert. Grâce à lui, le proposant, le groupe, peuvent inventer telle ou telle fragile passerelle qui va permettre au participant d'élaborer le sens de son expérience, d'une façon qui fonde

14. Dans *Le corps de l'œuvre* (Gallimard, collection « Connaissance de l'inconscient », 1987), Didier Anzieu, psychanalyste et écrivain, montre de façon beaucoup plus détaillée comment la première phase du processus créateur met la personne en situation de risque : de contact avec des « signifiants inconscients » qu'il rapporte et transforme.

connivence et confiance. Mais il a fallu qu'il se risque, suspende provisoirement sa propension à l'incrédulité, à la méfiance, d'une manière qui n'est pas sans analogie avec cette « suspension provisoire de l'incrédulité » que le poète anglais Coleridge appelait « la foi poétique ».

Tout ici, bien entendu, est question de phase. Ce qui vaut absolument pour la phase initiale – d'émergence – du travail d'un groupe, peut devenir contre-productif quand il s'agit d'un travail de création d'objet, ou d'élaboration d'un projet réel. Sans oublier qu'il conviendra bien de savoir aussi, en son temps, se séparer.

La déconstruction de « l'acteur »

Cette conscience des conditions favorables explique que l'Espace fonctionne aussi comme une authentique pépinière de projets. Les exemples sont innombrables. Ainsi de l'expérience de Luigi : « Je suis responsable de la communication d'une grande entreprise. A l'Espace, en 1991, j'ai suivi un atelier de *commedia dell'arte* avec une comédienne professionnelle, Lydia Biondi. Je me suis souvenu de ma fascination d'enfant pour un décor tournant de *commedia dell'arte*, et aussi du fait que j'ai la double nationalité française et italienne. L'année suivante, j'ai lancé un atelier intitulé « Ne faites pas psy-psy sur vos projets », qui se terminait par un peu de *commedia dell'arte*. Depuis cinq ans, je monte ici un atelier de *commedia dell'arte*. Des comédiens de Bordeaux m'ont demandé de créer un spectacle, qui tourne en ce moment. J'ai découvert une vraie vocation à l'Espace ! »

Quelle que soit la personnalité d'un individu, il perçoit souvent le lieu comme un terrain d'essai, et le milieu comme une occasion de mettre la barre un peu plus haut, en profitant des conseils que peuvent lui apporter les proposants ou les autres participants. « Il y a des gens qui sont véritablement nés à l'Espace. Ils ont découvert qu'ils n'étaient pas qui ils croyaient être, et qu'il y avait du chemin à parcourir avant de devenir qui ils étaient. » Et Bernard de conclure : « Le jeu est possible, ici. Il donne à chacun la possibilité d'oser dans tous les domaines, relationnels ou artistiques, en prenant des risques limités, clairement circonscrits. »

Dans ces différents cas de figure, le travail d'émergence précède l'épreuve de vérité du réel. Il y faut une atmosphère propice, faite à la fois de légèreté (on cherche, on s'amuse) et d'inconditionnalité. Le passage par l'intime joue alors un rôle extrêmement précieux de déconstruction des rôles sociaux stéréotypés, tels que la télévision par exemple les véhicule. Il ne s'agit plus de vouloir bien faire *a priori*, ni de vouloir coller à une norme sociale ou professionnelle. Il faut reconnaître, par exemple, que chacun d'entre nous est divisé, traversé par des conflits. Comme le fait observer Alain Touraine : « Il faut décomposer le moi pour construire le sujet [...]. Nos rôles, professionnels, familiaux, amoureux, politiques, ne nous définissent plus. L'important, c'est la fragmentation des statuts et des rôles, et inversement leur réintégration par la subjectivation[15]. » Et c'est ainsi que les occasions que procure l'Espace permettent de décider de laisser en friche, là où elles ont mûri à notre insu, ou au contraire d'élaborer davantage, certaines parties de nous-même hier négligées.

Cette conception de l'intime déplace les perspectives qui étaient celles du développement personnel. En effet, d'une démarche prêtant le flanc aux soupçons d'égocentrisme, on passe à une démarche dynamique, dans

15. Cf. Alain Touraine et Farhad Khosrokhavar, *Le sujet et le soi*, Fayard, 2000, p. 125-126.

laquelle la relation à autrui est motrice. L'Espace s'efforce ainsi, si l'on me permet de m'approprier cette belle formule d'Alain Touraine, de « maintenir le maximum d'espace libre pour la construction du sujet par lui-même[16] ».

16. *Ibid.*, p. 123.

3. La culture festive de l'intime

Un village en kit ?

Une matrice anthropologique

L'Espace peut être envisagé comme un monde à créer, un *work in progress*, un village de vacances en kit, que ses habitants réinventent de semaine en semaine, de saison en saison. C'est une pédagogie du labyrinthe qui conduit chacun à imaginer son parcours singulier.

On s'étonnera peut-être de cette référence à des notions qui semblent plus pertinentes dans le monde officiel de l'université ou de la formation. C'est que les finalités propres à l'Espace ne sont pas si éloignées de celles de la formation permanente. Arundel était une université d'été, même si certains ont préféré lui substituer par la suite le terme de communauté d'été. Et ici, la liberté pose question : qu'est-ce que je fais de mes vacances ? En quoi puis-je être force de proposition ?

Le questionnement est permanent, au point qu'il nous arrive de parler de *méta-village* de vacances. Les espaciens en effet, qu'ils soient philosophes, psychanalystes ou architectes, ont toujours eu à cœur de faire fonctionner leurs propres systèmes de références théoriques comme une machine à interroger l'Espace. Est-il possible, dès lors, de parler d'une sorte de matrice anthropologique de l'Espace ? N'y interroge-t-on pas les façons de vivre ensemble, la résolution des conflits et l'imagination de rituels ? Incidents, événements, célébrations, fonctionnement ordinaire, sont l'occasion d'une réinvention ludique perpétuelle, où le tamis des réflexions théoriques est souvent très actif. Le tout avec humour et décontraction – nous sommes en vacances.

La fête espacienne

Le droit à l'initiative, dans un cadre de vacances investi par quelques centaines de joyeux drilles, offre des moments forts qui sont autant de fêtes :

> La nuit prend lentement possession de son domaine, et les dernières lumières du jour laissent peu à peu place aux lumières artificielles, nous raconte Maurice Piau. Près de l'étang, les lampions se sont allumés un à un pour le bal ; un orchestre cajun juché sur une charrette entraîne dans son rythme quelques dizaines de couples, les danseuses en longues robes de dentelle tournent dans les bras de leurs cavaliers, et la réalité journalière s'efface au profit de la fête de la *Nouvelle-Orléans*. Puis Acadiens et Acadiennes remontent vers les tables où les attend le repas du soir, qui connaît son apothéose lorsque sort des cuisines, un gigantesque gâteau en forme de *Missisipi boat*, tandis que des centaines de poitrines entonnent *Old man river*. Quelques dizaines de photos, quelques minutes de vidéo demeurent, mais quel document peut rendre compte de cette soirée-là ?
>
> Et des autres ? La soirée orientale, la soirée mafia, la soirée primitive, les soirées grand restaurant, Carmen, tartes à la crème, soirées bleues et soirées vertes, vampires, caf'conc', arabe, Noël au mois d'août, hôpital psychiatrique, j'en oublie par dizaines, de ces soirées époustou-

flantes où les protagonistes eux-mêmes ont été abasourdis par le résultat de leurs initiatives. A l'Espace, de véritables réseaux (la communauté espacienne est loin d'être une et indivisible), et les sous-ensembles qui la composent, servent tour à tour, jour après jour, de locomotive à l'ensemble. Certains mettent l'accent sur l'animation musicale, d'autres sur le théâtre ou la sculpture.

Combien sommes-nous à répondre présent lorsqu'un Jacques Chaussepied, un Patrice Kucharz, un Francis Lardot battent tambour afin de recruter des troupes théâtrales avec un enthousiasme de sergents recruteurs ? A nous retrouver, sur scène ou dans les coulisses, pour un nouveau spectacle dont la découverte nous laisse bientôt pantois ?

Ont défilé ainsi des œuvres de Jean Tardieu, de Ronald Laing, de Ionesco. Il y eut même une *Phèdre* revue et corrigée à la lumière de l'affaire Vuillemin et de la célèbre intervention de Marguerite Duras. Et puis il y eut les concerts, rock, jazz, classique, variétés, puisque l'Espace voit passer chaque saison d'excellents musiciens, très éclectiques dans leurs passions comme dans leurs pratiques instrumentales. Comment peut-on avoir le courage de venir à l'Espace avec une contrebasse – Comment dort-il, le contrebassiste, dans sa canadienne ?

Les spectacles sont ensuite commentés. On en prolonge le plaisir, la vibration et le retentissement en soi, on en élabore le sens. La fête constitue un moment particulièrement visible, et mémorable. Cette réinvention du quotidien est caractéristique de l'Espace, mêlant la plupart du temps le jeu – « On dirait qu'on est... coiffeur, éboueur, journaliste, etc., alors que dans la vie on ne l'est pas » – et la réflexion sur le jeu.

Regard et conscience de soi

Peut-être est-il possible de distinguer dans ce type d'expérimentations ludiques ce qui relève du loisir en général, et de l'Espace en particulier. Un rêve de renaissance taraude sans nul doute l'imaginaire du vacancier. Ainsi chacun a bel et bien tendance, en vacances, à jouer à être un autre, à fantasmer sur une identité en germe, à s'essayer tour à tour à être artiste, Dom Juan, vedette de karaoké, cavalier, comédien ou héros. Il voudrait faire peau neuve, comme le suggère Nicolas Bouvier : « Ce matin, la tête dolente et l'esprit clair, j'ai posé ma vieille peau quelque part dans l'étendue du sommeil. La nouvelle est encore douloureuse et fragile, mais il y aura certainement moyen de vivre à l'aise quelques années dans cette peau-là ; l'autre n'allait vraiment plus[1]. »

Singularité

Cette tentation, ce rêve, perceptibles chez les grands voyageurs, le sont aussi à l'Espace du Possible. Le désir de renaissance y est moins cultivé en tant que tel qu'identifié : il constitue en effet le ferment d'une ré-interrogation de la vie. L'élaboration de l'expérience subjective de chacun conduit à une remise en cause dont les deux pôles sont la *singularité* d'une part, la *norme* d'autre part.

Si l'intime se socialise, en effet, les motivations profondes, les coups de cœur, les aventures privées, se mettent à compter davantage qu'un statut social ou professionnel dont nous avons appris à cerner la fugacité. Il ne s'agit plus d'essayer de se cloner en « commercial battant » ou en « médecin-psychiatre de talent », mais de

1. Cf. *Chronique japonaise*, Petite Bibliothèque Payot, 1989, p. 83.

devenir ce que l'on est, conformément à une expérience éprouvée de soi, parlée, interagie avec autrui. La variété de groupes et d'activités qui existent chaque année, semaine après semaine, à l'Espace, permet à des personnes d'expériences et d'âges extrêmement divers d'y nouer des relations. Cette culture de la rencontre et de l'échange crée du lien, avec une vigueur étonnante, mais dans un esprit où « se singulariser » n'est plus un comportement déviant, stigmatisable, mais renvoie à une quête se confondant avec la vie. Comme l'écrit Alain Touraine : « Le chemin de l'individuation, de la singularité, de la subjectivation [...] conduit le plus directement à la solidarité, à la fraternité[2]. »

Le regard d'autrui donne ainsi une consistance étonnante au « pèlerinage de soi-même », élément capital de tout voyage ou séjour de vacances. L'Espace exerce là une fonction poétique, qui n'est pas sans rapport avec cette expérience de *l'étrangement* dont la littérature a fait l'une des portes d'accès à l'imaginaire. Il contribue activement à restituer son étrangeté fondamentale au quotidien. « Comment peut-on être persan ? » s'interrogeait Montesquieu. Quelques anthropologues sont venus appliquer leurs méthodes à l'Espace, récupérant par exemple les objets oubliés pendant la nuit, analysant leur position sur le terrain... Les traditions se sont émiettées, le quotidien ne va plus de soi, et l'anthropologie se fait générale : pourquoi ne pas en tirer parti ?

A l'Espace, on est confronté aux modes de vie d'autrui. Tout peut être révélateur, la façon de rassembler son petit déjeuner, le choix des voisins, des sujets de conversation, la manière dont tel ou tel s'y prend pour séduire, le jeu des regards, les infimes décalages entre le propos tenu et les suggestions du non-verbal... Se cultive alors

2. *Ibid.*, p. 123.

une sorte de regard décalé sur autrui, parfois amusé, parfois moins, dont la fonction est en quelque sorte *lucidogène*.

Protections

Ce partage de l'intime ne contrevient en rien au fait que l'intime, d'une façon générale, est à protéger des intrusions. Les tyrannies de l'intimité sont dénoncées par R. Senett : « Les médias s'arrachent les confidences et les secrets des hommes politiques et pillent les existences privées ; car on vote davantage pour celui qui a su nous inspirer confiance que pour un programme et pour des actes[3]. » L'Espace est conscient de ce risque. Il est possible d'y acquérir une culture de l'intime. Elle stipule simplement qu'il s'agit de partager avec les étranges étrangers qui nous entourent, dès que nous prenons le métro ou plantons notre tente, plus de choses que nous n'avons coutume de le faire. Il n'est pas question pour autant de tordre le bâton dans le sens du *pathos* ou de la confidence à trois sous. Il peut exister un exhibitionnisme de l'intime, et tout le monde a fait l'expérience de ces personnes rencontrées trente secondes plus tôt dans le bus, qui vous confient déjà par le menu leur cancer du sein ou le récit de leur divorce. On est là dans l'intrusif, dans la plainte ou dans le symptôme, non dans la construction d'une relation ouverte. Le symptôme inverse existe aussi, évidemment, mais il est plus facile de l'ignorer. Notre société tend à être très ironique avec ce genre de comportements. Mais à l'Espace existe aussi une certaine « cruauté » symbolique à leur égard. Elle signale les limites des « bonnes intentions » et de l'acceptation

3. Cf. *Les tyrannies de l'intimité*, de R. Senett, Seuil, 1977.

inconditionnelle de l'autre : elle vaut *a priori*, mais peut toujours être remise en cause.

Si l'interaction est globalement valorisée, voire encouragée, elle n'exclut donc en rien le sens et la recherche de la bonne distance. Peut-être convient-il ici de lever le voile sur les ambiguïtés que le terme d'intime ne manque pas de faire surgir. Pour le sens commun en effet, intime renvoie directement au domaine sentimental et sexuel.

Rencontres

De fait, toute la gamme des relations possibles entre hommes et femmes est largement représentée à l'Espace. Ici, le désir de rencontre est canalisé : n'est-elle pas l'une des figures majeures du « désir de renaissance » ? « De la rencontre d'un instant à l'amour de toute une vie en passant par les amours contrariées, voire contrariantes, précise Maurice Piau, l'espacien moyen se réclame du monde animal, déclame ses amours et clame son bonheur comme sa solitude. Combien d'espaciens ont cité comme moment fort vécu à l'Espace leurs histoires d'amour ! » Pour ceux qui savent ce qu'ils veulent, tout peut arriver : « Grâce à un atelier, raconte Brigitte, j'ai tenté le tantra en duo, avec un très bel homme. Bien que la règle fût de changer de partenaire, j'y ai dérogé et j'ai pris le risque de lui proposer de faire tous les exercices avec lui. Il a accepté et c'était bon ! »

A la tentation de la transgression, ou du passage à l'acte, s'oppose très vite une réflexion portant sur la *mise en acte et en mots*. L'Espace propose en effet à chacun une foule d'occasions de se vivre différemment. Le but n'est pas d'obtenir un résultat immédiat, mais de naître à de nouvelles parties de soi-même, de rendre possibles des évolutions insoupçonnées. De nombreux témoignages

6. Histoires d'amour

Distinguons, d'abord, la relation amoureuse, passionnelle ou fraternelle, et la construction d'un couple durable. Beaucoup de gens ont eu des difficultés dans leur enfance, et ils créent des relations amoureuses pour les réparer. Ils vivent donc quelque chose qui est de l'ordre de la réparation, qui peut leur permettre de mûrir un peu, qui n'est pas inutile, qui ne constitue pas un échec, mais ils n'en sont pas moins incapables de construire sur le long terme. Les besoins affectifs d'un enfant ne peuvent pas constituer une base valable pour une relation durable entre adultes : ce sont des besoins différents.

Il me semble possible de distinguer, ensuite, trois conditions d'une relation heureuse et durable. La première, c'est l'existence d'une disposition amoureuse : l'attraction physique et sexuelle, l'ouverture du cœur. Il y a là, évidemment, un mécanisme émotionnel très fort.

La deuxième, c'est la capacité partagée à se percevoir comme deux individus différents et distincts, et non comme un ensemble fusionnel : à se respecter soi-même, et à respecter l'autre dans sa différence. Il s'agit là d'être capable de s'intéresser à l'autre en tant que personne – untel, pas le Prince charmant ou la Belle au bois dormant. Et d'être capable d'exister pour soi. C'est la condition du partage et de la communication ; si elle n'est pas remplie, le rapport de force va s'imposer, chacun essayant d'attirer l'autre sur son propre terrain, de le constituer en objet, de lui imposer sa volonté.

La troisième condition, c'est l'aptitude à construire ensemble sur le plan social. On construit un projet pour lequel on a besoin d'être deux, qu'on ne peut pas réaliser tout seul. Le plus classique de ces projets, c'est la famille, les enfants. Là, le couple est confronté à la société : il cohabite, passe un contrat, ouvre un compte commun, fait des enfants, mêle projets ponctuels et acquisitions matérielles autour d'une idée partagée de l'existence...

Si on observe les couples qui se défont, on voit bien que la plupart du temps, ils avaient satisfait à la première condition – l'attirance physique et émotionnelle qui joue si fort dans la rencontre –, mais sans communiquer réellement : au bout d'un certain temps, c'est le rapport de force qui prime. C'est la crise, la rupture. Ils se retrouvent en guerre, au lieu d'être des partenaires associés.

D'autres couples n'avaient pas de réel projet commun. Le jour où la différence apparaît de façon flagrante, par exemple sur la question d'avoir un enfant, sur l'accueil d'un enfant issu d'un lit précédent, ou sur une histoire de maison à la campagne, etc., rien ne va plus.

Pour ce qui est de l'Espace, j'y ai initié un débat que j'ai appelé le dialogue homme-femme, où nous avons réfléchi à la rencontre. Il est clair que les femmes y sont davantage à la recherche d'une relation affective durable que les hommes. En revanche, tous ceux qui viennent à l'Espace pour y nouer des relations de type amical se régalent.

Annie Rapp,
psychothérapeute, responsable des Célibataires associés

font état de ce genre de découvertes. Nous avons en effet tendance à nous identifier à des images étriquées de nous-même, le « jeune homme sérieux », « la fille intelligente », « le gaffeur », celui ou celle qui ne sait pas écrire ou chanter, etc. A l'Espace, j'ai sans cesse l'occasion de me tester, de me déplacer, de me surprendre, en conservant la possibilité de continuer à m'ouvrir, ou de m'arrêter pour me protéger.

Relativisations

De ce point de vue, le recours à une saine agressivité peut s'imposer : il s'agit de retrouver l'énergie d'une émotion d'autant plus refoulée que toute expression de colère est mal vue dans nos sociétés. La sainte colère n'appartiendrait qu'à Dieu, en somme. Pourtant, s'exprimer en étant responsable de ses sentiments et capable de les vivre, permet aussi d'entrer en relation avec l'environnement. Cette agressivité n'a rien à voir avec l'agressivité paranoïaque qui se déresponsabilise au détriment d'autrui. Elle n'est pas passage à l'acte. Un sas existe nécessairement, entre le désir et sa mise en acte ; c'est lui qui rend possible le discernement.

Un moment d'échange exceptionnel ne signifie pas toujours qu'on se soit parfaitement compris, mais simplement que la rencontre a été facilitée. Se comprendre implique une multiplicité de niveaux qu'il faut respecter : sans cela, la communication reste largement illusoire. Nous ne sommes plus nus, dansant sur l'herbe avant toute faute. Et lorsque le rêveur l'oublie, avec la loi et le sens des limites, il n'est pas rare qu'il montre très vite ses propres limites (se fasse une entorse ou se blesse, par exemple). L'Espace ne fait ici qu'initier activement à un aspect de notre existence dont le caractère est universel : il est souhaitable que la mise en acte passe par une symbolisation préalable. Je peux désirer quelqu'un, sans que le passage à l'acte soit souhaitable. Parodions Churchill : le langage, comme la démocratie, est sans doute la pire des choses, et la destruction de la Tour de Babel reste un châtiment céleste, mais nous n'avons rien inventé de meilleur.

Les histoires d'amour, heureuses ou malheureuses, sont l'un des grands sujets de conversation à l'Espace. Cependant, même si les pratiques développées à l'Espace autour de la rencontre, du contact, du massage par exemple, paraissent conforter l'assignation banale de l'intime au sentimental et au sexuel, l'Espace s'évertue à en prendre en compte une acception singulièrement plus extensive.

Est intime, plus largement, tout ce qui se rapporte aux manières de faire liées à la vie quotidienne. C'est la socialisation inhabituelle de ces manières de faire qui crée une rupture. Dans la vie ordinaire, la façon dont je m'habille, me lave, vis mon couple, élève mes enfants, bois et mange, est très largement quelque chose de privé. Ce sont des actes qui s'effectuent dans une intimité qui est celle du logement, qu'il s'agisse de solitude ou de famille « nucléaire ». La confrontation et la réflexion dans ce domaine sont rares, référées à mes seules routines ou, dans le couple, réduites à la recherche d'harmonisation de traditions familiales différentes. Si j'ai besoin de me laver, je le fais, le plus souvent en pensant à autre chose. A l'Espace en revanche, toute une gamme de questions qui semblaient résolues surgissent : dois-je me laver complètement ou pas ? Est-ce que je me douche dans une cabine ou bien en plein air, exposant ma nudité aux regards ? Est-ce que j'invite quelqu'un à venir se laver avec moi ? Est-ce que je vais prendre un bain dans le *hot tub* ? Je réinterroge ainsi ma philosophie concrète, existentielle, en matière de toilette.

Dans le monde du travail, par exemple, on demande de plus en plus aux collaborateurs de s'impliquer, d'expliciter et d'interroger leurs manières de faire. Le statut social ne suffit plus, le directeur lui-même, lorsqu'il est intégré à un groupe de travail, doit être capable de mettre entre parenthèses son titre et sa position hiérarchique pour fonctionner à l'intérieur d'un groupe de projet. Inversement, le risque existe de mythifier totalement cette fluidité croissante. Il faut parfois rappeler que l'Espace, comme toute institution, peut aussi être un lieu de subterfuge, de semblant. On voit des espaciens affabuler leur parcours, s'essayer à des identités d'emprunt, roder des postures ou des discours : c'est, inévitablement, l'une des dimensions de l'ouverture ludique.

Quoi qu'il en soit, l'Espace s'est avéré précurseur de l'avènement de l'intime, et ce bien avant que les médias ne s'en emparent. Mais comment cette intimité se décline-t-elle concrètement, dans cette multitude d'ateliers proposés autour des axes que constituent, au-delà du développement personnel, le corps, l'art et l'âme ?

III. Un art de vivre post-moderne ?

Ça n'a rien d'ectoplasmique, l'espace : ça a des bords, ça ne part pas dans tous les sens, ça fait tout ce qu'il faut faire pour que les rails de chemin de fer se rencontrent bien avant l'infini.

Georges Perec, *Espèces d'espaces*

1. L'invention du mieux-être

Le corps retrouvé

Contact!

Sea, sex and sun. Ce serait la grande triade du tourisme moderne, dans les villages de vacances. Corps bronzés en plein soleil, plage et farniente, peaux luisantes de crème, silhouettes longilignes ou musclées estampillées Max Mara ou Kenzo, jeu des regards et du désir, rencontres à portée de mains. Le grand fantasme occidental s'étale avant l'été sur les murs du métro, dans les halls des aéroports, dans chaque agence de voyages. Côte basque, d'Azur ou d'Opale, Grèce, Antilles ou Marquises, peu importe, pourvu qu'on ait l'ivresse sans le stress, les dissociations et les émiettements de l'identité moderne! Que revienne l'unité, la coïncidence avec soi et avec l'autre! Que les sens retrouvent leur part, que le corps exulte! Le désir de pause conjugué avec le souci de soi semble ainsi se décliner en une culture du corps.

Éloge du camping

La culture du corps commence-t-elle avec le camping ? Le campeur fait l'objet de projections négatives – aux *Bronzés* ou aux *Randonneurs* il faut ajouter *Dupont la joie* et *Les Bidochons en vacances*. « Derrière la dimension péjorative de ces clichés [...], soulignent Olivier Sirost et Gilles Raveneau, se cache une raison sensible, une intensité souterraine qui font sens pour le campeur[1]. » Il se passe toujours quelque chose en camping, parce que l'on vit davantage les uns avec les autres, dans le partage « d'une socialité puissante ». On est *dehors*, et ce n'est pas rien pour les urbains que nous sommes majoritairement. Bien sûr, il y a un nombre de plus en plus conséquent de caravanes, de mobil-homes et de chambres en dur à l'Espace. Mais nombreux sont ceux qui continuent à *préférer* le dépaysement de la tente.

Dormir sous la tente. Ce n'est rien, mais déjà on sent l'humidité de l'air, le vent qui souffle, le bruit des bêtes. Il suffit d'un matelas posé sur le sol. Dehors, il y a les odeurs du petit matin, la fraîcheur de l'air. La vie en appartement paraît soudain bien rigide, aseptisée. C'est l'été, ce sont les vacances. On retrouve un corps perméable aux sensations immédiates, disponible au présent. C'est une invitation à laisser de côté les agendas, attachés-cases et tenues de ville ; ce qui ne veut pas dire que l'on se soucie moins de soi ou de son allure ! Comme dans n'importe quel lieu de vacance, sans doute. Sauf que l'Espace propose sauna, *hot tub*, massage, bains de boue, danse, maquillage du corps, mime, improvisation : des activités et des moyens, pour éprouver et vivre davantage cette liberté retrouvée. On marche pieds nus, on fait de la sophrologie, de l'astronomie, on nage nu dans la piscine.

---

1. Cf. « Le double sens du camping » in *Cultures en mouvement*, n° 29, juillet-août 2000.

La culture du corps n'est pas non plus celle du corps exhibé mais discipliné, voire asexualisé, des camps naturistes d'antan. On est hédoniste à l'Espace, on y serait donc plutôt nudiste. Mais là encore il est difficile de systématiser : ce nudisme occasionnel ne concerne que la moitié environ des participants. Il est donc à la fois organisé – à la piscine, au *hot tub*, au sauna, dans les douches collectives – et circonscrit, puisque tout le monde ne le considère pas comme un élément *sine qua non* des vraies vacances. Le corps-plaisir est cultivé, mais comme une liberté exigeant de chacun la contrepartie d'une éducation à une plus grande finesse relationnelle.

La sensibilité à l'intime, et donc à la dimension corporelle, souligne l'importance de ce que Françoise Dolto appelle « l'image inconsciente du corps » : à la façon dont nous l'éprouvons, qui correspond rarement au modèle lisse et extérieur que véhiculent les standards publicitaires. Il y a le corps qu'il faudrait avoir et le corps qu'on est. Cette approche est particulièrement active dans certaines méthodes orientales proposées à l'Espace, comme le taï-chi, le yoga, le shintaïdo ou le chi-kong : il y est demandé de ressentir, de retrouver le contact avec son bassin, de trouver ses axes verticaux et horizontaux et ses points d'équilibre, d'éprouver le flux et le reflux de la respiration. On y reprend contact avec une dimension négligée, celle d'une attention corporelle à soi.

Danser

Il en va de même dans les ateliers consacrés aux diverses danses créatives (danse-contact, danse primitive ou bio-danse, etc.) qui cohabitent avec les figures plus classiques du rock, de la salsa ou du tango argentin. On y fait abstraction du « beau geste » – beau lorsqu'il est vu de l'extérieur –, l'essentiel se situant ailleurs. Le danseur y apprend à se centrer sur ses sensations. Ses mouvements alors prennent leur source dans un ressenti qui se développe, s'affine, s'esthétise. Nombre de ces danses sont relationnelles, et impliquent tout un groupe où se rejouent les bases d'une socialisation maternante. « Le groupe dansant convie le danseur à prendre part activement à un jeu organisé et réglé : jeu avec son corps, jeu avec les autres, jeu de ressemblance et de différence entre soi et l'autre (je fais comme toi mais je ne suis pas comme toi), jeu dialectique entre le groupe et l'individu (je fais comme tous mais je suis moi-même avec ma différence, ma signature)[2]. »

Les danses, telles des métaphores du voyage ou de la rencontre, proposent de cultiver une gestuelle personnelle. Dans une danse à deux, par effet de miroir, il est ainsi possible de travailler ses identités inconscientes et de retrouver des sources d'inspiration archaïques. Au cours des différentes phases, les danseurs rejouent la fusion, la dé-fusion, la séparation, chacun invente son propre style, ses modes particuliers d'expression liés à ses rythmes et à sa finesse émotionnelle propre. Le choix des musiques apporte une dimension festive de joie partagée.

Le premier objectif de ces ateliers est de stimuler le métabolisme physiologique. C'est le cas de tous les exercices physiques. Ils contribuent à réhabiliter une bonne image du corps, à retrouver un contact conscient avec son schéma corporel. Tout ceci contribue en outre à procurer une meilleure estime de soi.

---

2. Cf. France Shott Billeman, *Le besoin de danser*, Odile Jacob, 2001.

Silence, on masse !

Californie

Comment oublier qu'il fut une époque où la pharmacie de Meschers, à quelques kilomètres de l'Espace, faisait le meilleur chiffre d'affaires de France en matière d'huile d'amande douce ! La pratique est aussi ancienne que l'Espace lui-même, issue aussi bien de l'héritage reichien – le « rolfing[3] » par exemple – que du mythe californien, qui associe un massage centré sur le plaisir à la relaxation. Elle fait « peu à peu son chemin dans les habitudes de nos contemporains », observe Maurice Piau. « On trouve maintenant des huiles ou des crèmes destinées à cet usage en tête de gondole dans les pharmacies ou les supermarchés des stations balnéaires, ce qui était inimaginable il y a quelques années. Après être restée confinée dans les cabinets de kinésithérapie ou dans l'atmosphère sulfureuse des salons thaïlandais, il semble dorénavant admis qu'on puisse y recourir hors de toute considération médicale ou sexuelle. »

C'est Fanny Ginsberg, en 1977, qui rapporte le massage de Californie à l'Espace. Découverte : c'est un ensemble de gestes et de techniques fluides, relaxantes, unifiantes. Le masseur adopte une posture intérieure d'écoute et de bien-être et transmet sa tranquillité par des manœuvres souples et enveloppantes. Il s'appuie

---

3. Le rolfing est une forme de massage initiée par Ida Rolf. Centré sur le massage en profondeur, il conserve des techniques reichiennes un aspect très « rentre-dedans ». L'idée reste que nos postures corporelles cristallisent nos tensions et nos rôles sociaux. Travailler les défenses corporelles permettrait de travailler *ipso facto* les défenses psychologiques. Il me semble que cette idée néglige le fait que notre corps ne se réduit pas à la chair : il englobe notre perception du monde...

pour cela sur un cadre précis et structuré. Le massage est méthodique et constitue une forme de culture du souci de soi et de l'autre fort différente des soins kinésithérapeutiques, justifiés par la douleur et la maladie.

Avec le massage californien, on quitte le terrain médical pour tenter la générosité. On baigne dans une atmosphère composée d'huiles parfumées, de musique douce, de soins attentifs prodigués à tour de rôle. Pour beaucoup la découverte de ce monde sensuel met en lumière la pauvreté sensorielle de notre monde occidental, où les personnes ont un mal infini à accueillir, à se laisser aller, à donner de leur temps, à écouter.

Pourquoi le massage, et le corps en général, prennent-ils autant de place à l'Espace ? On peut sans grand risque d'erreur diagnostiquer le fait que pour ses fondateurs, le corps faisait partie intégrante d'une revendication anti-autoritaire globale. Il constituait l'un des remèdes nécessaires, comme la révolte politico-culturelle, la psychanalyse et l'art. Il est le lieu même d'où surgit cette vie psychique et sensible seule capable « de restaurer, d'une manière organique, une globalité que le rationalisme avait découpée en rondelles[4] ».

Impact du massage

Le massage est représenté à l'Espace par des écoles diverses. Les plus représentées actuellement sont sans doute le massage sensitif – créé par Claude Camilli, espacien des premières heures, le *fun-massage* et le massage essentiel sur lequel un autre espacien, Joël Savatovski, a écrit plusieurs ouvrages, ainsi que le sensitive Gestalt-massage créé par Margaret Elke.

---

4. Cf. Michel Maffesoli, *op. cit.*, p. 121.

7. *Fun-massage* ?

Le besoin social de toucher est immense. Je l'avais déjà observé quand j'exerçais la kinésithérapie où je privilégiais le massage. J'entendais derrière les symptômes les demandes non avouées, qui étaient considérables ! Actuellement l'engouement du public se renforce : avec mes équipes, nous avons déjà réalisé plus de quarante mille séances de « massage-minute », sur les aires de repos d'autoroutes.

Depuis des années je fais la promotion du massage dans tous les domaines. Nous développons des interventions tous azimuts et souvent inédites. L'art du massage est mal connu. Certains le médicalisent à l'excès, d'autres le présentent sous un angle excessivement sérieux, voire mystérieux, parfois même « magique ». Ce qui donne *in fine* l'idée que le massage ne serait accessible qu'à certains, réservé en quelque sorte à une élite.

Au-delà de quelques précautions de bon sens qui peuvent conduire à consulter un médecin, le massage est sans danger, facile à pratiquer, amusant et créatif. A l'Espace du Possible, je l'avais baptisé *fun-massage*, un peu par provocation, pour lui donner une signification hors des sentiers battus. Le massage-minute se pratique un peu comme un « jeu d'enfant ». C'est un prologue, il donne envie, il autorise. Ce concept, que j'ai créé il y a déjà une quinzaine d'années, permet une pratique en toutes circonstances, en tout lieu, les personnes restant habillées. Ainsi beaucoup découvrent cet art. C'est une bonne introduction à la multiplicité des techniques de massage.

Les objectifs de mon enseignement sont de développer le goût de pratiquer cet art ancestral et de le réadapter au quotidien de notre société occidentale. Le terme provocateur de *fun-massage*, inventé à et pour l'Espace, fait référence de façon tout à fait sérieuse aux sports de glisse, où « on ne se prend pas la tête ». Nous sommes fiers, mes équipes et moi-même, d'avoir réussi dans ce sens. Que n'ai-je entendu comme rires et comme moqueries, il y a quelques années, quand j'ai créé le massage-minute dans les cafés, sur les autoroutes, dans les aéroports, puis dans le métro, dans l'entreprise, dans des centres commerciaux, puis avec des danseurs, des sportifs, des enfants, etc. Les idées ne me manquent pas, mais je ne peux pas tout dévoiler !

A l'Espace, cet atelier est ouvert à tous. Le *fun-massage* est pratiqué par des espaciens de tous âges, même par un chien parfois. Il se déroule sur la pelouse centrale. En l'absence de chaises, on s'assoit sur les troncs d'arbres. A défaut d'huile, on utilise les manœuvres spéciales sur les vêtements en privilégiant les mobilisations. L'atelier dure moins d'une heure, mais l'espacien qui ne fait que passer peut aussi prendre le train en marche. Ici on se touche, on se fait plaisir, on échange dans la convivialité et le respect d'autrui.

Le programme est improvisé en fonction de la météo ou des événements du jour, de l'ambiance née des participants. On se masse les pieds, les mains, les bras, les jambes, le dos, le visage, allongé, assis, debout, avec ou sans appui, à deux ou à quatre mains, ou même en large massage collectif dit « mille pattes », ou encore sans les mains, avec les pieds donc, voire avec tout le corps, parfois avec des accessoires, des foulards par exemple pour les mobilisations en apesanteur. Le massage, c'est comme la cuisine. Il y a certes de grands chefs, mais tout le monde peut cuisiner avec talent, il suffit d'en avoir le goût et l'envie. Un peu d'apprentissage, un peu de créativité, un peu de fantaisie et d'humour, un zeste de recette, une grande mesure de générosité, et le tour de main est joué.

Le massage-minute est un outil de communication qui facilite le lien social. Tout le monde commence à sentir le manque de contact dans cette société, le toucher est donc un vecteur d'authenticité. Lors de nos dernières interventions dans le métro parisien, plus de 1 500 séances de massage ont été réalisées. Certaines personnes ont attendu debout près d'une heure pour bénéficier de ces huit minutes de massage ! Les entreprises s'y intéressent elles aussi, enfin ! D'abord par souci de productivité et de re-motivation de leurs employés.

Mais je reste convaincu que derrière tout cela – c'est ce qui me motive personnellement –, cette pratique suscite des rapports plus humains. Cela fait aujourd'hui partie de la recherche d'une nouvelle culture des relations humaines.

Joël Savatovski,
kinésithérapeute, auteur d'ouvrages consacrés au massage

Quel que soit le type d'atelier de massage, pour le néophyte le premier contact se fait souvent, et paradoxalement... sur la pointe des pieds. Nos sociétés ne privilégient guère le contact et le rapprochement physiques. Une fois initié, le nouveau a très souvent envie de continuer. Voici ce que confie par exemple Catherine dans le n° 21 de *L'Heur du temps*, le bulletin trimestriel de l'Espace du Possible : « Dans ma famille nous ne nous touchions pas. C'est à l'Espace que j'ai croisé quelqu'un qui m'a permis de me lancer dans le massage. Depuis quatre ans j'ai une table à la maison, quelle découverte ! »

Le retentissement du massage est parfois tout à fait surprenant. Ainsi Annie raconte-t-elle que la découverte du massage à l'Espace est à la source de sa vocation de psychothérapeute. C'est que l'expérience du toucher implique souvent des déplacements de représentations. Toute la perception antérieure de son propre corps et des relations avec autrui peut se trouver remodelée.

Masseur et massé posent un cadre de confiance qui correspond à un style de vie : plaisir et échanges ne débordent pas dans un « hors-limite ». Mais il convient de rester vigilant pour se tenir sur ce versant du bien-être, de la sensualité et de l'antistress. Bien des hommes qui n'ont pas intégré cette culture de la sensualité commencent par imaginer qu'ils vont pouvoir glisser insensiblement sur le versant sexuel. Ils restent bloqués sur leur excitation sans pouvoir se détendre. Le groupe, l'animateur et les règles mises en place constituent à cet égard une forme de « pare-excitation » qui leur permet le plus souvent de s'adapter aux règles du massage.

Le massage est alors décrit comme régénérant. Ainsi de Gilles : « Je suis revenu à l'Espace pour le massage sensitif. Je le pratique dans des structures plus professionnelles, en Bretagne, à Lille, à Bordeaux. Professionnellement, je suis épithésiste, c'est-à-dire que je reconstruis les mâchoires en milieu hospitalier. C'est un métier dans lequel, à travers l'autre, on est quotidiennement confronté à l'horreur. Ici, en massant des personnes de tous horizons, en me faisant masser, dans un beau lieu ouvert, et de manière tranquille, j'ai pris avec cet "autre" une certaine distance que j'ai pu réinvestir avec profit dans mon travail, où je me suis du même coup senti plus à l'aise. »

L'aspiration au mieux-être

Le massage témoigne aussi d'une aspiration à un style de *mieux-être en vacances* que l'Espace a été le premier lieu de villégiature en France à incarner et à expliciter.

L'imaginaire corporel

La présence du corps dans l'imaginaire se déchiffre dans les noms donnés aux différents lieux de l'Espace. Le Ventre, le Nid, le Mont-de-Vénus, la Montagne, la Prairie, le Miel, les Bermudes, signalent la façon dont les lieux ont été investis. Les affiches de l'Espace retracent chronologiquement les métamorphoses de l'imaginaire des espaciens. Début 1980, sur des plaquettes d'informations annuelles au format raisin, se déplient des paysages mythologiques et des scènes fantastiques à la Jérôme Bosch. Un cadre féerique se profile, avec vallons et collines, où animaux et personnages fantastiques chevauchent tigres et chimères, comme sortis d'une même corne d'abondance. D'année en année, les affiches évoluent vers un imaginaire moins fantasmatique : personnages et animaux se font plus réalistes, les joueurs de pipeau alternent avec les clowns et les couples avec enfant. Apparaît une sorte de carte du tendre que contemple un groupe installé sur la colline, tels les compagnons de Moïse devant leur terre promise. Didier Anzieu ne faisait-il pas l'hypothèse que les descriptions et les décors, dans une œuvre de fiction, sont comme le corps retourné de l'auteur, signalant ses fantasmes et ses territoires d'élection[5] ?

Quand on parle du corps, on ne peut éviter d'évoquer la prédiction de Nietzsche concernant le retour de Dionysos. « Ce n'est qu'en dansant, écrivait-il, que je sais lire le symbole des plus hautes choses. » Et Jean-Pierre Vernant considère Dionysos comme « le dieu qui prend la figure de l'autre, de ce qui est différent, déconcertant, anomique[6] ».

Cette référence au dieu grec à deux faces est visible dans l'histoire de l'Espace. Dans les premiers temps, il avait un aspect plus sauvage, presque frénétique ; il s'est socialisé, comme si l'on avait cherché à harmoniser ces deux aspects de nature et de culture. Mais on n'y perd pas de vue ce que France Shott-Billmann nomme l'effet thérapeutique de Dionysos : « Il structure le pulsionnel tout en le respectant. Il joue avec les limites, mais instaure un ordre dynamique qui est un va-et-vient entre

---

5. Cf. *Le corps de l'œuvre, op. cit.*
6. Cf. *L'univers, les dieux, les hommes*, Seuil, 1999.

le désordre et l'ordre. Dionysos est ce dieu danseur représentant l'Homme qui surmonte sa division et s'assume dans la parole[7]. »

Les approches corporelles, associées au mieux-être et à une atmosphère « édénique », se retrouvent à l'Espace dans une grande diversité d'activités. Si le massage sous toutes ses formes a pris une grande importance, les gymnastiques douces et les techniques orientales comptent également. Cette demande d'intensité corporelle n'est pas pour rien dans le fait que la rencontre occupe une place importante à l'Espace. Les solitaires d'un moment trouvent là un terrain qui leur permet de mettre à distance des phases de vie plus pénibles. Ces dimensions ne font qu'ajouter des causes à cette culture de l'intimité et de la relation, dans laquelle le *contact* est essentiel. On sait que, partout, cette demande est forte. L'Espace simplement y répond de façon originale.

Le sens du contact

De nombreux célibataires fréquentent l'Espace, et ce, dans des proportions similaires à celles du célibat dans une ville comme Paris. La plupart du temps, les relations professionnelles ou amicales ont tendance à nous cantonner à un stade de précontact. « Beau temps aujourd'hui, n'est-ce pas ? » La Gestalt, par exemple, suggérera en la matière un nuancier plus riche. Elle distingue des niveaux de contact : précontact, engagement, contact, plein contact, désengagement, modélisant ainsi une entrée progressive dans une relation moins superficielle. Cette progressivité permet à la relation de se construire dans sa justesse : c'est « l'ajustement créateur ». Du bruit de fond de l'échange émerge peu à peu, pour peu qu'on y

7. Cf. *Le besoin de danser*, Odile Jacob, 2001.

soit attentif, une figure singulière qui facilite l'élaboration d'une relation éventuellement intense ou de qualité, quelle qu'en soit la nature – tendre, amoureuse, amicale.

Il est facile de voir comment les gens qui arrivent pour la première fois à l'Espace, avec le bagage relationnel qu'ils se sont construit dans notre société, oscillent du précontact à diverses stratégies de fuite, de repli sur soi lié à la peur, d'échappatoires plus ou moins transparentes – « J'ai du lait sur le feu ! » – voire agressifs, ou inversement de « sur-contact », tout aussi inapproprié. Une sensibilisation à ce cycle du contact, tel que le modélise entre autres la Gestalt, peut aider à entrer dans des relations plus fines, de meilleure qualité : permettre de repérer ses modes de défense ou de passage à l'acte, de dépasser cette fréquente peur chronique d'un engagement qui conduirait à *se* rencontrer autant qu'à rencontrer l'autre...

L'écoute, de nouveau

Nous voici encore dans la philosophie pratique existentielle, telle qu'elle permet à chacun de créer des relations plus justes et plus responsables, sans se disperser dans des relations superficielles ni instrumentaliser autrui. Elle témoigne d'une forme de sagesse ordinaire qui est moins « l'application » de conceptions morales que le résultat des expérimentations espaciennes initiales. Elle permet d'apprivoiser l'émotion, même lorsque celle-ci passe par les larmes ou par le coup de gueule. Cette réhabilitation de l'émotion est précieuse, elle ne signifie pas pour autant l'éloge du passage à l'acte. On peut extérioriser sa colère, ou sa tristesse, en se responsabilisant soi-même au lieu de les projeter vers autrui, ce qui produit immanquablement des réactions défensives !

La restauration de l'intime est ainsi liée à une pratique élaborée de *l'écoute de soi* mais ne se réduit pas à l'observation du moi-je. Elle passe au contraire par l'implication active dans des ateliers : la production d'un objet, la participation à une fête ou tout simplement à une séance de ramassage de gobelets après l'apéritif dans la prairie. N'en va-t-il pas de même dans le domaine relationnel ? La relation, après tout, n'est pas quelque chose de donné dans l'intemporalité du coup de foudre ou d'un mode de conjonction initial. Elle se construit, évolue, se travaille : comme une sculpture, un livre, un couple, l'éducation d'un enfant.

C'est l'idée, combien difficile, que développe Martin Buber : l'humanité réelle est fondée sur un échange d'humanité réciproque. Dans toi et moi, c'est le « et » qui a le plus d'importance. « La base de la vie de l'homme avec l'homme, explique Buber, est double et en même temps unique : le désir qu'a tout homme d'être confirmé dans ce qu'il est et dans ce qu'il peut devenir par les autres hommes, et l'aptitude innée de l'homme à répondre à ce désir de ses compagnons humains. Que cette aptitude soit laissée en friche à un degré inimaginable constitue la faiblesse et le caractère problématique effectif de l'espèce humaine. L'humanité réelle n'existe que là où cette aptitude peut s'épanouir[8]. »

Une philosophie du toucher

Dépasser la friche relationnelle

L'humanité « réelle » – ou du moins l'une des possibilités d'une humanité plus « humaine » – repose donc, une

8. Cf. *Je Tu*, 1923 et Aubier, 1969.

fois encore, sur la socialisation. Elle suppose la volonté de travailler cette « friche » relationnelle caractérisant la plupart des rapports que tissent entre eux les hommes. Le massage est peut-être à l'Espace le lieu privilégié d'un apprentissage essentiel : celui des manières, du goût, de différentes façons d'être. C'est-à-dire celui des diverses facettes de la transaction symbolique avec autrui qui comprennent « définition de soi, stratégie de séduction, sentiment d'appartenance à une communauté, acquisition de manières de regarder, de se comporter, d'aimer, de raconter[9] ». Il est l'occasion d'une authentique intégration sociale.

La fonctionnalité a ainsi peu à peu équilibré, à l'Espace comme ailleurs, l'imaginaire « crypto-religieux » du touriste, qui tendrait à élire un *lieu* quasi sacré, centre du monde doté de propriétés topographiques qui signent sa « hiérophanie » (sa dimension sacrée) – montagnes, vallons sacrés, etc. Le Nid, le Mont-de-Vénus, le Ventre, Cris et Chuchotements ont disparu des cartes. Existe aujourd'hui en revanche un « lieu-corps » qui regroupe les installations requises par les approches corporelles : salle chauffée, sauna, *hot tub* avec son jacuzzi, etc. Le *polysensualisme* espacien s'y décline dans sa finesse la plus tactile. Ces installations ont facilité l'organisation à l'Espace, en 1999, d'un festival international du toucher, rassemblant les praticiens de nombreux pays et d'une grande diversité d'approches.

Initiations

Au-delà de ce temps fort, chaque semaine ou à peu près, chacun peut s'initier à plusieurs sortes de massage. Les techniques d'inspiration reichienne ont été rempla-

---

9. Cf. Rachid Amirou, *op. cit.*, p. 221.

cées par des approches plus douces. Elles visent un objectif psychologique, comme le massage sensitif, ou simplement la détente et le bien-être, comme dans le massage californien ou le *fun-massage*. Quelle que soit la technique, on propose d'alterner les moments où l'on reçoit et les moments où l'on donne : on n'est pas dans la simple consommation, on apprend à masser et à être massé. Le rôle de l'animateur, là comme ailleurs, est de veiller au respect de chacun, d'inciter les participants à écouter leurs désirs et leurs impossibilités, de les autoriser à dire oui ou à dire non. Le bonheur ne va pas de soi, il se construit chaque jour.

C'est l'importance de cette dimension qui a donné le jour au massage dit sensitif, qui fait du toucher, plus que du massage à proprement parler, une occasion de travail sur sa capacité à se détendre, à sentir, à prendre plaisir. Le cadre permet à chacun de prendre davantage conscience de ses pulsions et de leurs limites. Il permet une élaboration symbolique, par la parole. Nous sommes confrontés une nouvelle fois au paradoxe de ces situations intimes qui, pour être riches et agréables, doivent conjuguer proximité et distance[10]. Les effets de ce type d'atelier sont diversifiés mais, dans tous les cas, c'est l'attention à l'autre qui gagne en subtilité.

De pareilles possibilités d'éducation sont précieuses dans un lieu qui rallie nombre de célibataires en quête de rencontres ou d'âme sœur, mais aussi de nombreux couples qui viennent « se retrouver ».

La place de la sexualité

Le massage peut préluder à un temps de partage amoureux. Il offre de multiples occasions de passer du

---

10. Cf. Alain Delourme, *op. cit.*

registre du massage à celui de la caresse. Mais surtout, il véhicule « une culture sensuelle du couple ». Anne et Tom en témoignent. Lui a redécouvert la tendresse, elle se sent plus initiatrice : « Depuis notre premier séjour, nous nous massons régulièrement. Notre sexualité est plus riche. Dans l'expression : faire l'amour, nous sommes maintenant moins dans le faire et plus dans l'amour. Nous créons nos rituels, il n'y a pas d'urgence ! Nous nous faisons des surprises : une musique douce, une huile parfumée... »

L'intérêt de la culture issue du massage, là encore, est que rien ne s'impose – on change de posture, le massé devient masseur – hormis le respect des limites posées par les partenaires. Le massage développe simplement une certaine qualité d'attention, une aptitude à repérer ce qu'il en est de son désir ou de son absence de désir et à en parler. On peut très bien désirer être massé sans pour autant avoir envie que l'échange aille plus loin. Chacun est donc responsable de sa demande. Beaucoup de couples estiment préférable de ne pas mélanger massage et sexualité. Dans le massage, prendre soin de l'autre lui permet d'éprouver sa vie intérieure autonome. En sexualisant, on rend cette bulle d'autosensualité impossible. On se vit dans la proximité mais pas dans la fusion. C'est le paradoxe régénérant de la distance intime.

Les occasions de contacts ne multiplient pas seulement les possibilités de rencontre amoureuse. Elles permettent de varier les modes relationnels. La tendresse et l'amitié y trouvent leur part. Il est souvent utile à bien des hommes d'explorer les vastes territoires qui s'étendent à leur insu entre la tendresse et la relation sexuelle proprement dite.

Il leur est tout aussi utile de découvrir qu'ils peuvent entretenir avec quelqu'un de leur sexe une relation moins rigide, moins distante. L'Espace fonctionne aussi comme un lieu d'entraînement à l'amitié. Il a engendré d'innombrables et persistants réseaux d'amis. Il est possible de nouer des liens d'amitié forte avec une personne capable d'être à l'écoute, de faire un *feed-back*, de se montrer « contenante ». L'amitié a un rôle de passerelle : elle permet le partage et la découverte. C'est un véritable voyage.

Les médiations de ce point de vue semblent sans fin, bien au-delà du massage et des pratiques corporelles : on se rencontre aussi aux tables, dans les séances de gymnastique chinoise, et dans les nombreux ateliers d'initiation artistique.

2. L'imaginaire à l'œuvre

Le retour de l'imaginaire

Créativité

La réalité du « village de vacances » espacien incline au rêve et au léger. Elle explique peut-être aussi l'importance du retour de l'imaginaire. Jusqu'alors, ce dernier, suspecté « d'être facteur d'erreur et de fausseté[1] », était renvoyé au superflu par la modernité et mis en cause par un freudisme étroit qui invitait à s'en « purifier » pour accéder au « signifiant ». Alors que peu de temps auparavant Bachelard pensait que « les images constituent l'instance première de la pensée [...]. L'imagination et la rêverie se présentent comme des principes organisateurs de la conduite humaine, porteuse d'un art de vivre[2] ».

N'empêche : l'imaginaire a fait son retour, réclamant ses droits. Comme le souligne judicieusement Michel Maffesoli, « il en va du corps social comme de l'être humain : lorsqu'il a fourni une forte dépense cérébrale ou physique, il a besoin de "se relâcher". Il s'emploie

1. Gilbert Durand dans *Sciences humaines*, n° 90-janvier 1999.
2. Gaston Bachelard, *La psychanalyse du feu*, Folio, « essai », 1997.

donc, plus ou moins inconsciemment, à retrouver son équilibre en faisant jouer ses potentialités de fantaisie, ses facultés oniriques et ludiques[3] ».

Au plan historique, ce besoin de relâchement s'est fait sentir dans l'ensemble du corps social. Le recours à l'imaginaire, notamment par le biais du temps libre, serait l'une des façons de restaurer un équilibre perdu.

Cet imaginaire n'est pas seulement un retour à des fonctionnements archaïques. Il ouvre sur une sorte d'« espace dans l'espace » qu'il appartient à chacun de faire émerger, à la mesure de son potentiel de créativité, dans une logique d'épanouissement élargie. Comment effectuer le passage ? En s'appuyant moins sur les techniques proprement relationnelles qu'en les combinant avec la créativité et les pratiques artistiques, qui mettent chacun en situation d'oser s'exprimer dans des domaines inhabituels, sur un mode ludique n'excluant pas l'apprentissage.

Les « groupes de créativité » sont en quelque sorte des moteurs à trois temps. A partir d'un problème précis, on commence par rêver ; puis on fait le tri du réalisable ; ensuite le travail de discernement permet de décider d'un nouvel objectif, à partir duquel relancer le cycle. La créativité n'est rien d'autre qu'une capacité à inventer, à laisser librement émerger une énergie susceptible de modeler des formes, quelle que soit par ailleurs la visée (artistique ou professionnelle) et le médium choisi (glaise, peinture ou théâtre).

L'activité des groupes de créativité vise la personne dans sa globalité. Leur enjeu est *d'autoriser* et d'installer une ambiance, d'inviter à être heureux, à se laisser aller, à faire sans chercher particulièrement un résultat, d'aider ceux qui le souhaitent à dépasser les peurs qui les empêchent d'accéder à telle ou telle pratique. Pour faciliter

---

3. Cf. *La contemplation du monde*, Grasset & Fasquelle, 1993, p. 35.

l'acte créateur, le contact direct avec l'élémentaire donne une énergie considérable. Quand quelqu'un se trouve en face de dix kilos de glaise, d'une feuille blanche en vélin d'Arches ou de gouaches de toutes les couleurs, il a la possibilité de s'exprimer librement en bénéficiant d'une ambiance favorable. Les passerelles de l'imaginaire s'ouvrent alors pour lui, il s'extrait de la réalité immédiate et entre en contact avec ses sources d'inspiration.

Oser

Pour Claude Lévi-Strauss[4], la pensée sauvage résulte de la rencontre entre matière et liberté d'expression. Ce qui est opérant pour la créativité, c'est que la personne retrouve les gestes de l'enfant créateur, retrouve les gestes archaïques. Il désapprend à bien faire, la curiosité n'est plus un vilain défaut, mais une qualité. « L'inquiétante étrangeté » redevient peu à peu familière. A l'origine, la création est un processus primaire. L'art est une déconstruction/reconstruction : déconstruction d'un moi associé à nos *a priori* et à notre représentation du monde pour reconstruire un moi créateur.

De multiples créateurs ont puisé dans les sources primitives : les surréalistes, Picasso, Nijinski ou Stravinsky nous ont démontré que le terme « primitif » n'avait rien de péjoratif. L'homme moderne est tout à la fois en contact avec cette dimension primitive et ouvert à la technique : à la recherche de réconciliation et de métissage entre son fond archaïque et son moi social. Pour Denise Eisler, qui anime avec succès à l'Espace des ateliers de sculpture, le processus de création peut schématiquement se réduire à trois grandes phases. Il faut d'abord lâcher prise et s'intérioriser : oublier le Beau en soi, les grands modèles et renoncer

4. Cf. *La pensée sauvage*, Plon, 1962.

à ce que l'animateur donne des recettes afin de mieux se relier à son propre imaginaire ; puis choisir : trier, discerner le réalisable, élaborer un objet ; enfin s'en séparer, en le donnant, et en (se) donnant ainsi du plaisir, ce qui rend plus aisée la séparation... d'avec la matrice du groupe.

Les peurs initiales sont particulièrement visibles dans le cas de pratiques socialement très investies, telle l'écriture, nous fait observer Alain André[5] : quiconque souhaite écrire sur un registre personnel a conscience de prendre un *risque*, souvent amplifié par des souvenirs négatifs issus de l'expérience scolaire ou familiale. Il se confronte immanquablement à ses émotions, à des épreuves bien ou mal traversées, puisque écrire, ou plus généralement créer, c'est toujours peu ou prou affronter l'inconnu. Il se heurte aussi au sentiment de son illégitimité, de l'usurpation qu'il lui semble commettre en s'asseyant d'un coup sur le même siège que tout le Panthéon des auteurs consacrés.

Ce travail d'« autorisation », dont l'animateur se fait le garant, est nécessaire au début de tout apprentissage. Depuis l'enfance, nous avons dépassé, ou pas, de multiples peurs : de marcher ou de nager, de compter ou de monter sur un vélo, de conduire ou de plonger, de danser ou de toucher le corps d'autrui, de lire en public un texte juste écrit ou de sauter en parachute. Chaque fois, il a fallu se jeter dans le vide, faire confiance à la main tendue, au chemin indiqué, au parachute et au largueur, traverser les rituels permettant de franchir des seuils successifs.

Comme l'explique Georges Perec dans un texte intitulé « Le saut en parachute[6] », il faut « se lancer », poser

---

5. Cf. « Écrire : le désir et la peur », in *Écrire et faire écrire*, ouvrage hors collection des *Cahiers de Fontenay*, 1994.

6. Cf. *Je suis né*, Paris, Seuil, « La Librairie du XXe siècle », 1990.

ce premier geste qui chaque fois semble fou, gratuit, parfois presque suicidaire. « Il était nécessaire de sauter, précise Perec, nécessaire de se jeter afin d'être persuadé que ça pouvait avoir un sens, et que ça pouvait peut-être avoir des répercussions que même soi-même on ignorait. Sur un plan individuel, pour moi, ça a eu des résonances incontestables : je n'arrivais pas à m'accepter et maintenant j'y arrive constamment, je n'arrivais pas à me définir et maintenant j'en suis tout à fait capable... »

L'un des animateurs de l'Espace, Mario Galland, est professeur de STAPS, spécialiste de natation. Il a beaucoup travaillé sur les craintes du milieu aquatique, fréquentes chez un grand nombre d'adultes. L'Espace, avec sa piscine où l'on a pied partout, lui semblait tout à fait propice à un atelier qu'il avait intitulé *L'eau : de la crainte au plaisir.* Il observe que pour dépasser la peur plusieurs conditions doivent être remplies. L'ambiance favorable d'un petit groupe, mixte de préférence, reposant sur un contrat (un même objectif clair et sécurisant). La possibilité de se toucher, de se tenir par la main, de faire des jeux, de danser dans l'eau avec une musique douce, de faire confiance à l'animateur pour se rassurer. L'enjeu est d'installer la détente et le plaisir. « A la première séance, les personnes sont crispées, explique Mario, il y a des fantasmes de peur : le vide, le noir, couler, se noyer... Ce sont souvent des peurs reliées à la période natale ou prénatale. On peut les “dés-ancrer” en permettant aux personnes de s'amuser, d'exercer leurs curiosités et de faire des découvertes positives. »

Le groupe de Mario Galland dure deux semaines – dix séances. C'est la durée à partir de laquelle il constate que l'expérience produit « des modifications stables du comportement ».

Une recherche d'ouverture

Métamorphoses

On voit à partir de cet exemple significatif que c'est la personne et l'émergence de son potentiel qui sont visées, avant même toute acquisition technique. C'est « l'école à l'envers », puisque l'école valorise l'intelligence logico-mathématique : les savoirs, l'acquisition de compétences, au détriment du plaisir. On vise la restauration de capacités inhibées, le développement d'aptitudes neuves. C'est la personne qui prime : le mouvement de son désir, le passage progressif, non postulé, de ce désir à une envie précise, peut-être à un projet.

L'Espace est ainsi le lieu d'une sorte de *polysensualisme* bon enfant, qui s'exerce libéralement dans les domaines les plus inattendus. L'équipe de cuisine décide par exemple d'acheter des assiettes permettant de dresser les tables comme on compose un tableau. Telle personne passe la même semaine de l'initiation à la sculpture à la découverte de la méditation orientale ou de la danse africaine. Les techniques d'expression liées au corps prennent soudain une grande importance – danse, maquillage, costumes, bains d'argile, improvisations théâtrales.

A l'Espace, ce polysensualisme se nourrit d'une authentique ouverture à la relation et à la création qui participe d'un « esthétisme de l'exotisme ». Cela permet d'instaurer « une religion du bon tourisme », une « bonne lecture » et une « bonne exégèse » de l'espace des vacances[7]. Ce dernier

7. Rachid Amirou (*op. cit.*, p. 93) généralise au tourisme cet aspect des vacances espaciennes : « Le touriste de masse, estime-t-il, renoue confusément avec une espèce de polythéisme, en vénérant les éléments primordiaux que sont l'eau (la mer, les lacs, la baignade en général), le feu (le soleil), la terre (la montagne, la campagne) et l'air (le grand air).

peut alors autoriser toutes les transformations, voire toutes les métamorphoses, sous l'œil complice du prince des variations, également saint patron des arts, Protée.

Du petit au grand groupe

Protée, on le sait, est le dieu du changement. Je voudrais simplement insister sur la façon dont le passage du groupe restreint, « rassurant », au grand groupe s'est fait de façon naturelle. Le transfert, de l'atelier aux activités espaciennes, s'est réalisé bien avant que ne se mette en place, chaque fin de semaine, la *synergie*, cette fête qui permet de rassembler et de faire découvrir les différents ateliers.

Il suffit de laisser la parole à Patrick Michaud :

> De nombreuses personnes avaient le désir de faire du théâtre, sans avoir à passer par l'apprentissage par cœur d'un texte. Au festival d'Avignon, un groupe de Canadiens avait importé en France un concept très astucieux : celui des matches d'improvisation. Deux équipes jouent l'une contre l'autre, de une à trois minutes, sur un mode imposé : comique, dramatique, chanté, tragique, etc. Le public est ensuite amené à voter pour les prestations les plus convaincantes. A l'Espace un atelier similaire s'est monté. C'est devenu un rendez-vous qui rassemblait 60 ou 70 spectateurs et une vingtaine d'improvisateurs.
>
> Évidemment, l'animation doit être improvisée et soutenue, afin que ni les participants ni les spectateurs ne s'ennuient. Ce compromis entraînement/spectacle n'est pas aisé, mais nous en avons soutenu le challenge pendant plusieurs années avec un résultat remarquable : nombre de participants sont devenus amis, et un certain nombre d'entre eux ont par la suite fait du théâtre hors de l'Espace.
>
> Quelques spectacles sont nés de ce travail. Il y a eu aussi les « produits dérivés » de l'improvisation : par exemple le crieur – la personne chargée chaque semaine de trans-

mettre les nouvelles du jour en les criant à table – se voit parfois remplacé par un groupe qui se charge de son rôle en improvisant à partir du texte des annonces : l'un hurle le texte, les autres improvisent.

L'Espace tout entier propose donc une scène, et un public, aux désirs de socialisation – de partage. Il suffit que le désir en existe.

Contre-emploi et transfert

L'un des usages dominants de ces ateliers consiste à rechercher le « contre-emploi ». Tel comédien professionnel, au lieu d'animer un atelier-théâtre, va décider d'oser la philosophie ; tel écrivain, de participer au groupe de danse primitive ; telle danseuse, de suivre un atelier de sculpture. On a le droit de commencer, on se lance dans du neuf, à quinze, quarante ou soixante ans. On se revendique *amateur*, sans prétention, selon le très beau sens que donne à ce terme Roland Barthes[8]. L'amateur n'est nullement un héros de la création ou de la performance. Il est acteur et pas consommateur, ou l'un et l'autre à tour de rôle : « consom-acteur », en quelque sorte.

Dans ces conditions, le travail – qu'il s'agisse du crawl, de telle figure du tango argentin ou de la chute d'une nouvelle – doit avant tout être porté par le désir

---

8. « L'Amateur est celui qui fait de la peinture, de la musique, du sport, de la science, sans esprit de maîtrise ou de compétition [...]. L'Amateur reconduit sa jouissance (*amator* : celui qui aime et aime encore) ; ce n'est nullement un héros (de la création, de la performance) ; il s'installe *gracieusement* (pour rien) dans le signifiant : dans la matière immédiatement définitive de la musique, de la peinture ; sa pratique, ordinairement, ne comporte aucun *rubato* (ce vol de l'objet au profit de l'attribut) ; il est – il sera peut-être – l'artiste contre-bourgeois. » In *Roland Barthes par Roland Barthes*, Seuil, « Écrivains de toujours », 1975.

qui émerge. Mais une fois épuisés les bonheurs de l'expression spontanée, certains participants, d'une année sur l'autre, découvrent qu'ils ont envie d'aller plus loin : de dépasser l'expression écrite ou picturale d'un affect pour composer un objet susceptible de toucher le spectateur. Certains ateliers le postulent du reste d'emblée : l'objectif de l'atelier peut être alors de proposer quelques minutes de spectacle au cours de la fête en fin de semaine. Ce désir – de communication et de reconnaissance – naît de ce puissant catalyseur qu'est la confrontation au groupe et à son regard.

Les ateliers de pratique artistique ont ainsi contribué à l'Espace au dépassement du culte de la sacro-sainte « spontanéité ». Les années qui s'étaient déroulées sous le signe de l'improvisation généralisée acceptaient mal les diktats de la technique. A partir de 1983, les ateliers se placent plus sous le signe de la créativité que sous celui de la spontanéité : s'impose alors l'idée qu'un projet d'une certaine ampleur implique aussi un patient travail, effectué dans la durée.

L'espace créatif

Il est moins question, on le voit, d'agir pour agir que de réfléchir au sens et aux moyens à mettre en œuvre. A la différence des groupes thérapeutiques ou centrés sur le corps, tout groupe d'expression créative s'ouvre tôt ou tard vers le groupe et la société : il induit un rapport à l'objet, à l'histoire – à travers l'héritage – et à l'autre. Plasticiens et hommes (ou femmes) de théâtre notamment sont habitués à la confrontation et au jugement du spectateur, sans complaisance amicale. Cela nous rappelle cette évidence qu'entre le *travail* présenté et l'œil qui regarde interviennent les filtres du savoir et de la culture.

8. Les filtres du savoir et de la culture

Ce que je fais à l'Espace touche à la création. Ce qui m'intéresse, c'est que des artistes y fassent œuvre de création et rencontrent ainsi les désirs de gens qui peuvent accéder à un premier stade, qui est en effet celui de la créativité. Les artistes qui viennent à l'Espace permettent précisément de voir que l'art, ce n'est pas du tout la même chose que l'expression. Ils poussent donc les gens vers une forme d'exigence, qui ne s'oppose pas du tout au plaisir. Ce n'est pas du tout la même chose de faire un atelier théâtre dans lequel on demande aux gens de s'exprimer et de faire du théâtre avec ces mêmes personnes. A l'Espace, je trouve des gens que ma démarche intéresse, tout simplement parce que cette exigence les intéresse.

Je me suis aperçue que très peu de gens connaissaient le théâtre contemporain. J'ai donc décidé de faire des lectures d'auteurs contemporains. On propose des apéros littéraires, et on lit des textes que j'ai choisis : d'Eugène Durif, de Marguerite Duras, etc. Les gens sont contents de découvrir, de trouver des clefs. Je crois que l'Espace peut être un lieu où les gens comprennent certaines des choses qui ont trait à la création en tant que telle. Pour cela, il faut leur donner des clefs : sinon, jamais leurs vacances ici ne leur donneront accès au théâtre contemporain. Ce que je dis pour le théâtre vaut évidemment pour la peinture ou l'écriture. La création, ce n'est jamais l'amnésie culturelle.

J'ai suivi des ateliers d'écriture à l'Espace qui étaient des ateliers d'écriture spontanée. Je n'y ai pas appris grand-chose. En revanche, les quelques ateliers qui aidaient à mieux saisir comment certains textes étaient produits, comment un écrivain s'y était pris pour écrire, m'ont vraiment intéressée. Il ne s'agit pas de faire de la création tout de suite : il s'agit d'être introduit dans quelque chose qui s'appelle un processus de création, et ce n'est pas du tout la même chose!

En une semaine, j'essaie de donner aux gens les bases qui vont leur permettre d'entrer dans ce processus. Je leur demande de se placer face à eux-mêmes, de ne pas tricher. C'est aux antipodes du théâtre-impro. Je sais que ce ne sont pas des artistes : je m'adresse à des gens qui viennent vivre un atelier, rencontrer ce qu'on appelle l'art du théâtre. Dans l'expression théâtrale, on improvise, tout peut être joué pourvu que les gens s'amusent et soient contents. Tandis que dans l'atelier que je propose, au bout d'une semaine les gens se rendent compte que ce n'est pas si simple : s'ils ont envie de faire du théâtre, ils vont devoir s'inscrire à la rentrée à de véritables ateliers, porteurs d'une vraie exigence. L'Espace, du coup, leur sert et de lieu de créativité, et de lieu pour approcher le processus d'une création de type artistique.

L'une des choses passionnantes à l'Espace, c'est qu'il est possible d'exploiter les synergies possibles entre personnes et ateliers différents. Lorsque la mayonnaise prend, il peut se passer des choses qui sont bel et bien de l'ordre du travail de la création, mais surtout entre artistes. C'est ce que je souhaite : qu'on parvienne, parfois, à se rencontrer à deux ou à plusieurs, des musiciens, des plasticiens, des danseurs, des auteurs, et que chacun coopère à la création d'un même spectacle. Ce qui est amusant, par rapport à ma pratique professionnelle du théâtre en cours d'année, c'est le côté théâtre d'urgence. Donc ça me sert, ça m'oblige à apprendre à aller vite, à l'essentiel. C'est quelque chose de précieux, finalement, d'apprendre à transmettre ce qui nous est essentiel !

Nicole Yanni,
metteur en scène et comédienne

Une pratique artistique peut-elle se réduire au sujet ? Son espace, en vérité, est plutôt celui d'un rapport triangulaire qu'entretient le créateur avec sa pratique, l'objet créé et un public potentiel.

Stratégie

La stratégie de l'animateur, dans une première phase, est de soutenir en proposant des soutiens affectifs. Il fait abstraction du résultat pour aider la personne à restaurer une véritable estime de soi, puis il doit changer de stratégie en introduisant une attention plus distanciée qui prend cette fois en compte le résultat. C'est le passage d'une attitude maternante (le *holding*) à une attitude paternante. Cette stratégie peut s'illustrer à l'aide de l'une des variantes d'un célèbre proverbe chinois : « Donne à l'affamé, dans un premier temps, un poisson qui lui redonne des forces, mais ensuite, apprends-lui à monter sa propre canne à pêche. »

C'est ce que l'on appelle le saut dans l'objet. Il implique de laisser de côté ses tracas immédiats pour se concentrer sur le projet. De devenir autonome et de se détacher du regard de l'autre, au risque de lui déplaire. Lors d'un spectacle, il est essentiel de ne pas s'extasier si ce n'est pas beau, de ne pas rire si cela n'est pas drôle, de ne pas faire semblant d'avoir du plaisir si l'on s'ennuie. Quand un acteur monte sur scène, il est seul et c'est à partir de cette force-là qu'il va faire plaisir ou pas. S'il est materné, il est coupé de sa responsabilité, empêché de se constituer une véritable estime autonome et privé de son succès, de son échec et des possibilités d'évoluer.

Concrètement, si un homme aime cuisiner et fait profiter sa femme d'une cuisine médiocre, il est souhaitable qu'elle lui donne son opinion sans confondre appréciation culinaire et jugement personnel. Sinon il demeure incapable de s'améliorer, piégé dans une duplicité relationnelle. Ce sont le climat de confiance et la vérité du *feed-back* qui instaurent l'estime de soi.

Peu à peu, après le confort affectif, est apparue à l'Espace la revendication à un certain confort matériel :

un besoin de balises plus complètes en somme. Il s'agissait de viser l'achèvement au-delà de la simple démarche, d'aller en somme « jusqu'au bout » : le chemin à parcourir ne doit pas faire oublier que tout voyage mène à une destination.

Cette revendication explique que dans une partie des ateliers, il n'est plus aujourd'hui seulement question de jeter une émotion forte sur le papier ou sur la toile. On propose des thèmes – « Masculin-féminin » pour l'an 2000, l'Odyssée pour 2001 –, on philosophe, on suggère l'élaboration d'objets – textes, sculptures, sketches, chansons, rythmes de percussions, spectacles, etc. – qui soient des tremplins pour l'échange et pour le voyage du sens. La communication concertée – non pas dans la cacophonie du « parler pour parler » – retrouve ses droits : même le silence peut faire sens. Les participants se satisfont moins aisément de la seule jubilation du surgissement spontané. Les techniques sont donc intégrées comme autant de moyens supplémentaires qui peuvent permettre d'aller plus loin et de se servir de sa propre boussole intérieure pour s'orienter.

C'est dans le prolongement de cette réflexion que se pose la question de la vocation artistique de l'Espace. Elle témoigne de la façon dont la socialisation de l'objet produit contribue à faire passer les personnes de la créativité à la création.

Des outils... d'animation

Nous avons progressivement été amenés à doter les « proposants » d'outils adéquats pour répondre à ces nouveaux enjeux.

Les premières années, tournées davantage vers des ateliers improvisés au pied levé, ont permis des fêtes grandioses, que les habitués évoquent encore avec des larmes de bonheur dans la voix (chaque institution secrète son « bon vieux temps » fantasmatique). En 1984, en raison de la multiplication de propositions manquant autant de cadrage que de qualité, nous avons édité une plaquette de l'Espace qui présente une base d'ateliers émanant d'animateurs plus ou moins confirmés tout en ménageant une large place aux propositions « spontanées » qui s'offriraient sur place. C'est alors que fut conçu « l'Anima Group » de Michael Gradwell. Il proposait une initiation plus structurée à l'animation, et notamment l'intégration de quelques outils permettant aux proposants d'avoir davantage confiance en eux-mêmes. Une situation de jeu de rôle est expérimentée par le groupe puis, à la lumière de l'expérience acquise, certains éclairages théoriques sont abordés. Cette initiation permet aussi de valoriser des savoir-faire effectifs.

La limite de la démarche est apparue néanmoins assez vite : à s'engager dans l'application de critères rigoureusement professionnels, on prend le risque de tuer l'initiative. Plus personne, très vite, n'ose « ouvrir boutique », les animations étant réservées aux spécialistes de l'animation. L'objectif de l'Espace est simplement de permettre à chacun de bénéficier, dans le cadre de ses activités, d'un environnement suffisamment favorable pour qu'il ose affronter le dragon de la peur intérieure. Sa vocation n'est ni celle d'un centre de formation permanente ni celle d'un centre culturel et artistique.

3. La quête du sens

La rencontre des petites folies

Approfondir

Qu'elle soit « course d'orientation » personnelle ou « pèlerinage de soi » socialisé, la quête de sens domine dans les ateliers de créativité et s'épanouit naturellement dans les groupes de parole ou de méditation proposés à l'Espace.

De plus en plus de personnes cherchent à redonner du sens à leur vie. C'est qu'aujourd'hui, la nécessité de se construire, de se déconstruire, de désapprendre, d'apprivoiser l'inconnu à chaque stade de la vie est un défi généralisé. L'un des points clés de cette recherche est d'enrichir notre vision du monde, d'élargir nos manières de nous informer et de développer une vision de notre trajectoire. Chaque phase de nos vies nécessite en effet de faire des choix judicieux : une mauvaise orientation épuise tandis qu'une bonne apporte les ressources pour rebondir et profiter de l'étape suivante. Se connaître montre que vieillir n'est pas seulement une perte mais surtout l'occasion d'une continuelle confrontation à soi-même. Chaque âge opère un changement de perspective et de valeurs, ce qui paraissait fastidieux à un stade devient intéressant à un autre et facteur de négociation avec soi-même[1]. L'intelligence de l'âge dévoile par exemple que les modes de séduction évoluent : un cocktail de tendresse, d'écoute et d'humour peut devenir particulièrement attirant. Apprendre, désapprendre, savoir se renouveler se conjuguent à tout âge, en particulier dans une société sans complaisance pour le vieillissement.

L'Espace constitue un terrain privilégié pour approfondir le sens de sa vie d'adulte. On peut interagir avec des personnes de tous âges et de tous horizons. Quelles sont leurs valeurs ? Quels ont été leurs facteurs de réussite ou d'échec ? Les multiples activités offertes sur place sont autant d'occasions d'expérimentation et de réflexion.

Une société qui « passe »

Certes, l'expérience ne se communique pas telle quelle, mais un climat d'intimité et de confiance favorise sa transmission. A l'Espace, nombreux sont ceux qui ont vécu des périples multiples (à la fois intérieurs et extérieurs) : voyagé en Inde ou au Pérou, pratiqué diverses thérapies, voire sont passés par la drogue. Ces expériences ont transformé en profondeur la vision du monde de personnes qui ont ainsi connu des « périodes de bouleversement de l'intime, où chaque personne est traversée non seulement par sa propre histoire, personnelle et familiale, mais aussi par l'éternelle question de la vie et la mort[2] ».

---

1. J. Turner et B. Hévin distinguent six décades de développement de l'adulte : « 20-30 : démarrer ; 30-40 : y arriver ; 40-50 : devenir responsable ; 50-60 : apprécier la qualité de la vie ; 60-70 : réussir la retraite et le recommencement ; 70- 80 : vivre la sagesse et les bienfaits de la vie. » Cf. *Construire sa vie d'adulte*, InterÉdition, 2001.

2. Cf. Régis Airault, *Fous de l'Inde, délires occidentaux et sentiment océanique*, Payot, 2000.

L'un des intérêts de l'Espace est donc de pouvoir échanger avec un grand nombre de personnes qui sont passées par des expériences profondes. Ceci complique dans un premier temps les choses pour les personnes en quête de solutions simples, mais ensuite ces rencontres leur permettent de relativiser leur propre démarche. Une certaine confrontation s'opère, qui évolue progressivement vers une recherche de sens renouvelée, vers une sagesse relative. On retrouve un peu, là, les démarches de Ronald D. Laing et de David Cooper, qui préconisaient l'accompagnement du voyage intérieur en faisant « appel à ses propres potentialités psychotiques sans pour autant renoncer à sa santé mentale[3] ».

Une quête analogue ne se signale-t-elle pas à travers le recours à des techniques comme le Yiking ou le tarot, qui au départ sont l'occasion de prises de conscience déréalisantes, provoquant une césure avec la réalité, mais qui répondent aussi au besoin d'une authentique connaissance de soi ? Il y a là une ouverture cultivée par des cultures qui ont mis au point, génération après génération, des techniques d'induction et des codes de déchiffrements de cette expérience[4]. C'est ainsi que Régis Airault plaide pour une société qui se ferait davantage *passeur* et aiderait les adolescents notamment à passer ce stade si nécessaire à la vie d'adulte. L'Occident semble plutôt occulter les étapes initiatiques, y compris la prise en compte de la mort, qui dès lors fait retour « dans ce raccourci de l'extase qu'est la toxicomanie ».

Cette question du sens est en tout cas partout présente à l'Espace. Tout y reconduit, même par des chemins de traverse. C'est particulièrement clair dans le cas de

---

3. Cf. Ronald D. Laing, *Le moi divisé*, Stock, 1979.

4. Cf. M. Hulin, *La mystique sauvage – Aux antipodes de l'esprit*, PUF, 1993.

l'amour, où même une expérience ludique peut renvoyer à des considérations plus graves.

L'amour en question

L'agence matrimoniale

Une année, raconte par exemple Patrick Michaud, nous avons créé une agence matrimoniale, et aussi vraie que nature. Avec un logo et un slogan : « Pour une minute ou pour la vie. » Nous avions même un ange « messager de l'amour » qui allait décocher ses flèches et délivrer ses messages à vélo. Les vacanciers volontaires remplissaient un questionnaire de six pages, suivi d'un entretien. L'équipe constituait les duos et déterminait le lieu des rencontres, par exemple à minuit, près de l'étang, elle un gâteau à la main, lui avec une bouteille de vin... et ils feront une promenade en barque.

Nous souhaitions qu'il se passe quelque chose d'émouvant entre les protagonistes, indépendamment des suites éventuelles. Le mystère – l'attente, la rêverie – faisait la richesse du système. Les gens pouvaient revenir le lendemain pour faire une seconde rencontre. Ce jeu s'est avéré représenter un gros travail, notamment pour moi et la collègue psy qui assurions la régulation, mais ce qu'on faisait vivre était émouvant. Et puis, une amie a souhaité apprendre à mieux s'affirmer et marquer ses refus. J'ai donc proposé d'animer un groupe « Apprendre à dire non ». Vingt ou trente personnes y ont participé. Puis un groupe « Développer sa vie », avec lequel pour la première fois j'acceptais d'apparaître à l'Espace en tant que psy. Ont suivi les années suivantes divers autres groupes, « Entendre le murmure de la souche », « Au risque de », « On va péter les boulons », « Et Jung dans tout ça ? », « Parole de femme, parole d'homme », etc. Je voulais leur apprendre à penser, à dire, à être dans l'action.

On voit comment une initiative ludique peut conduire très vite les personnes à une quête profonde, mettre en jeu les compétences professionnelles construites des proposants. Mais de quoi est-il question ici, serez-vous peut-être tenté de m'objecter, d'âme ou de spiritualité ? Que la rencontre et l'amour soient des thèmes récurrents à l'Espace, au point que la saison 1999-2000 se soit déroulée tout entière sous le signe du « Masculin-Féminin », au point que des groupes d'hommes proposaient à des groupes de femmes, et inversement, de venir leur poser des questions, un peu à la Woody Allen, sur tout ce qu'ils ou elles avaient toujours voulu savoir de l'autre sexe, bien, mais la spiritualité ?

Modèles

Il se semble que dans nos cultures au moins, la question de l'amour constitue une sorte de point-pivot entre le charnel et le spirituel, le profane et le sacré. La quatrième de couverture de *L'amour réapprivoisé* de Scott Peck, un livre vendu en Amérique du Nord à des millions d'exemplaires, définit par exemple le couple comme « une aventure psychologique et spirituelle qui débute dans l'extase de l'attirance, passe par les méandres de la découverte de soi et mène à la consolidation d'une union intime, stable et durable[5] ».

Cette citation signale assez que l'amour est un modèle souvent idéalisé. C'est le héros récurrent et malheureux de tant de chansons, de films et de romans.

Héros abusé à la une des médias quand il s'agit d'enfants.

Héros en creux quand il s'agit de combler son absence par des dépendances (alcool, drogues, sexe, recherche effrénée de réussite sociale, etc.).

5. *Modus vivendi*, 1999, pour la traduction française.

Héros quotidien de la rue quand le regard se perd en quête d'un signe de reconnaissance.

Héros guerrier dans le livre d'Irène Pennacchioni intitulé *De la guerre conjugale*, où les conjoints assimilés à des stratèges luttent sur le champ de bataille privilégié de l'amour.

Héros enfin du récit de tant de divans analytiques...

Et pour renforcer notre confusion, si besoin en était, le même mot s'applique sans distinction aux gâteaux, aux êtres aimés, à un objet, aux valeurs. Je voudrais apporter un peu de précision en rappelant, après Luc Boltanski dans *L'amour et la justice comme compétences*[6], que les Grecs distinguaient pour leur part entre trois sortes d'amours : *philia*, *eros* et *agapè*.

Philia, eros et agapè

La *philia* est de l'ordre de l'échange : elle coïncide avec un registre amical. Elle fonctionne en miroir, vise la démultiplication. Ainsi, l'espacien qui accueille les nouveaux participants le week-end peut-il estimer qu'il influence l'ambiance générale de la semaine. De nombreuses personnes qui ont été bien – ou même mal – accueillies choisissent d'ailleurs fréquemment d'accueillir à leur tour. Un geste en appelle un autre, disait le père d'Ulysse dans *L'Odyssée*. La bonne entente comme la communication sont faites de signes de reconnaissance. C'est l'idée d'une hospitalité bien comprise, dans laquelle chacun se souvient que le mot hôte désigne à la fois celui qui reçoit et celui qui est reçu, ce qui montre bien qu'il s'agit d'un mécanisme de don et de contre-don. A l'Espace, chacun est invité à rechercher ce qu'il désire offrir, et chacun, offrant quatre heures à la collectivité, reçoit en échange ce que les autres apportent.

---

6. Métailié, 1990.

L'*eros* renvoie pour sa part à « une allégresse et à une tension douloureuse[7] », ainsi qu'au sentiment que nous avons de notre incomplétude, d'une façon merveilleusement illustrée par le mythe d'Aristophane[8]. Il nous invite à sublimer les pulsions en passant de telle passion particulière à la beauté en général, telle qu'elle s'incarne dans des standards – les trois Grâces – auxquels chaque femme peut être comparée. Les archétypes inaugurent en somme le règne de la comparaison, avec la déesse grecque Héra comme avec Claudia Schieffer. C'est le règne prométhéen de l'exceptionnel : de la beauté comme performance, comme norme conceptualisée, du désir tendu vers un idéal inaccessible, une passion.

Cette conception est une allégorie de notre société actuelle. Notre esprit se crée continuellement des images, qui peuvent être ouvertes ou tout au contraire se présenter comme des images complètement saturées, tels ces tableaux de Delacroix qui ne nous laissent aucun espace de divagation, parce que tout effet se trouve comme comblé par la richesse émotionnelle des motifs. Nous restons donc fascinés, subissant l'impact de l'image sans pouvoir recourir à notre propre imaginaire. Sans trêve, la société du spectacle s'impose, via la publicité ou le cinéma, par des images sur lesquelles nous avons difficilement prise. Au lieu de stimuler notre imaginaire, elles envahissent notre attention, nous inhibent en nous assi-

7. Cf. Jean-Luc Nancy, *La pensée dérobée*, Galilée, 2001.

8. Cf. Platon, *Le Banquet*. Au début, nous étions complets, puisque nous avions quatre bras, quatre jambes et deux sexes. Ce sentiment de complétude s'accompagnait d'une tendance à l'euphorie. Nous ne courions pas, nous pouvions rouler à toute allure, et sans versements automatiques à Renault ou Honda. Ce sentiment de toute-puissance nous incita à vouloir atteindre le ciel en construisant une tour immense, jusqu'aux dieux. Ceux-ci s'en affectèrent et nous en punirent en nous coupant en deux. Depuis, nous errons à la recherche de notre moitié perdue...

9. La passion ?

– Carole : Quand Marc et moi avons comparé la qualité de relation de notre couple avec celle de nos précédentes unions, nous avons tous les deux constaté que nos couples précédents s'étaient vidés de vie. En pensant que notre nouveau couple était acquis, nous avons pris conscience du danger d'un lent glissement vers un ronronnement ; nous étions capables de vivre ensemble avec la réalité que nous vivions dans nos couples respectifs, nous nous sommes rendu compte que nous n'y vivions tout simplement plus rien. Mon couple précédent était mort. Et ça, c'était quand même une sacrée leçon, à laquelle on a pris le temps de penser. Dès le départ, on s'est dit que plus jamais on ne ronronnerait en imaginant que notre nouveau couple était acquis. On a lu des bouquins sur le sujet, on en a parlé.

– Marc : Du coup, je me suis rendu compte que certains pensaient des choses auxquelles je n'avais jamais ne serait-ce que réfléchi. Par exemple, j'ai été frappé par cette définition de l'amour : « Consacrer du temps à quelqu'un et vouloir qu'il progresse. » Quand j'ai lu ça, je suis tombé de haut. Ce n'était pas du tout ce que je faisais, y compris avec mes enfants. Je ne leur consacrais pas du temps, je les élevais. J'étais un éleveur d'enfants. Ça faisait dix-huit ans que ça ronronnait. Je me suis dit : c'est vrai, c'est ça la vie, alors je vais avoir des projets à l'extérieur, voir des copains... Au départ, avec Carole, on était très fusionnels. Chacun a consulté un psy pour réfléchir à tout ça. On n'est plus dans le « on s'est rencontrés et on a tout compris ».

– Carole : Beaucoup vivent la passion et, au bout de deux ou trois ans, c'est terminé. Nous avons travaillé sur notre vision de l'amour et de la passion. Nous avons lutté pour éviter d'en arriver aux extrêmes. On a toujours envie d'être ensemble, mais il y a toujours des moments où nous nous sentons totalement aliénés, parce qu'il n'y a plus que le couple, qu'on ne s'éprouve plus en tant qu'individu. Il y a donc eu une période difficile au cours de laquelle il a fallu apprendre à défusionner sans perdre l'intensité de la relation. Il y faut vraiment une volonté délibérée.

– Marc : Nous aurions bien aimé être tout le temps dans la fusion, mais quand ça défusionne, c'est dur !

– Carole : On a réfléchi. La fusion empêche de s'éprouver comme un individu. Nous en voulons à l'autre, parce qu'on a aussi envie d'être autonome. Bref, la fusion est une mauvaise répartition entre chacun d'entre nous et le couple. Il faut se dire qu'il existe trois entités, Lui, Moi, Nous. Que Lui ce n'est pas tout, que Moi ce n'est pas tout, que Nous ce n'est pas tout. Parfois, être Moi toute seule, c'est vraiment bon pour moi. Alors qu'avant le Nous nous manquait très vite terriblement. Sauf qu'il y avait la famille. Le Nous était soudé par la famille. Il n'y avait pas un Nous à deux, il y avait un Nous-famille. Il faut prendre du temps pour le couple, pour le Nous à deux.

– Marc : Choisir de s'aimer, c'est se consacrer du temps, être à l'écoute.

– Carole : On a beaucoup travaillé sur le fait qu'un couple, c'est un homme et une femme qui ne fonctionnent pas de façon identique, qui ont des besoins différents. On en est conscients. On écoute l'autre, on tient compte de ce qu'il dit. Lui, c'est un autre, Nous sommes différents. Mais la confiance existe.

Marc et Carole,
enseignants

gnant à des rôles préconstruits. C'est seulement au prix d'une déconstruction que nous pouvons nous réapproprier les enjeux d'une image envahissante : nous situer par rapport à elle comme par rapport à nous-même.

Il est en outre possible d'opposer à l'*eros* une figure plus dionysiaque : celle de l'*agapè,* construite sur le don, le festif, une insouciance sans calcul. L'*agapè* ouvre à la possibilité du pardon, met en évidence l'importance des limites et des territoires : on ne vole pas dans les maisons pendant le carnaval, selon les règles de l'*agapè* festive, comme on ne vole pas dans les tentes pendant la fête. A l'appui de l'*agapè*, Boltanski cite une phrase de Kierkegaard qui stipule qu'aimer, c'est aimer l'homme ou la femme que l'on voit là devant soi, et non une figure idéale. De fait, cet amour, éprouvé pour un homme ou une femme qui ne sont plus l'Homme ou la Femme en général, tend à éliminer le règne de la comparaison.

C'est un amour dans le règne de la générosité. Le don n'y appelle pas de manière mécanique le « contre-don ». L'*agapè* est invention d'un territoire commun. Chacun des amants peut y disposer de son espace propre – dire non, par exemple – et être partie prenante d'un mythe partagé. C'est un amour généreux qui accepte l'existence des limites et surtout celle de ces conflits dont toute la tradition chrétienne refoule la nécessité. L'*agapè* les convertit, comme le suggère Guy Corneau dans *N'y a-t-il pas d'amour heureux ?*[9], en autant d'occasions de prendre conscience de nos blessures et d'en guérir. Ceci passe absolument, une fois encore, par la parole.

On voit peut-être mieux, à partir de ces considérations, comment une réflexion sur l'amour entretient des liens constants, d'une part avec la vie sentimentale, d'autre part avec la recherche d'une certaine *sagesse*. La passion, en somme, nous renvoie non seulement à notre individualité, mais, à travers le visage de l'autre, à une quête dans laquelle cette passion peut s'intégrer.

Spiritualité ?

La question de l'intime déborde de toutes parts celle de la spiritualité et des sentiments qui lui sont associés.

9. Robert Laffont, « Réponses », 1997.

Mais elle se trouve aussi présente dans la quête spirituelle. Drôle de société que la nôtre, où il est paradoxalement plus facile de parler de sexualité que de nos expériences essentielles, fondatrices, à travers lesquelles nous constituons nos points de vue sur la mort, le sens, la naissance ou l'engagement. Les personnes en réaction contre une culture religieuse peuvent avoir tendance à confondre toute l'expérience du sacré, pour mieux la nier. Inversement, celles qui ont une pratique religieuse « officielle », ont souvent tendance à refuser qu'un(e) athée puisse avoir une expérience du sacré. Or l'humain se développe perpétuellement en rapport avec le sens du divin[10] : on peut parfaitement être laïque et avoir un rapport personnel, construit, au sacré. Autant dire que les débats dans ce domaine sont parfois virulents à l'Espace. Un exemple récent le montre.

Cérémonie

A la suite de la tempête de décembre 1999, qui ravagea plusieurs centaines d'arbres à l'Espace, l'idée avait été émise de remettre au goût du jour une tradition qui consiste à planter un arbre. Dont acte : un vendredi soir en fin de journée, à la tombée de la nuit, se déroule au fond de la prairie un rituel qui fait une large place aux ateliers de la semaine. Éclairées par de nombreuses torches de jardin, une cinquantaine de personnes proposent de la danse primitive autour de l'arbre à planter. La danse s'accompagne de la lecture d'un texte à la gloire des arbres, plein d'humour. Une vingtaine de joueurs de djembé scandent chaque étape. Des enfants distribuent des rameaux, des fruits, des fleurs de tournesol. Un feu d'artifice conclut la cérémonie.

---

10. On peut lire à ce sujet l'ouvrage de Luc Ferry, *L'homme-dieu ou le sens de la vie*, Grasset, 1996.

Ce fut un moment particulièrement émouvant pour beaucoup d'entre nous, qui avions passé une bonne partie du printemps à replanter des arbres et à réparer les dégâts causés par la tempête. Il y avait un réel bonheur, troublant pour ceux qui ont perdu le goût de toute célébration collective, à vibrer dans la nuit à l'unisson de chants. Nous étions un village : la communauté rassemblée d'un éphémère village d'été. Quelques minutes plus tard, de toute façon, l'intervention discordante des clowns obligeait à rompre avec la fascination suscitée par le tableau...

Cela généra des débats pourtant : n'étions-nous pas en train de nous fourvoyer dans une irrationalité grotesque ? La majorité tomba d'accord sur le fait qu'il était nécessaire de réinventer des rituels ouverts, dont un siècle de positivité nous avait frustrés.

Laïcité

Il existe à mon sens une spiritualité et un sacré laïques, qui n'ont aucune chance de se confondre avec ceux d'une secte. Il est peu d'endroits de toute façon où, comme à l'Espace, on puisse trouver une telle pluralité de parcours.

Nier le sacré, c'est s'interdire de prendre en compte tout ce qui relève, dans l'expérience du loisir et de la vie moderne, d'une quête du sens. A commencer par le désir de renaissance ou la variété des rituels que recèle toute pratique du voyage ou du séjour de vacances. Se confronter à l'être, trouver sa place. Il s'agit bien de trouver en soi les références qui vont permettre de se décentrer et de relativiser l'utilitaire – l'argent, le statut social –, afin de s'inscrire dans une réalité « plus grande que soi ». Il ne s'agit pas de Dieu, mais de processus larges qui sont susceptibles de redonner sens et valeur à mes gestes les plus simples.

L'existence de cette quête ne relève pas de l'irrationalité. Beaucoup de personnes à l'Espace sont imprégnées des théories et pratiques inspirées du freudisme. Elles sont simplement conscientes de ce que chacun de nous est assis sur un volcan, et un volcan qui fait partie de nous-même : ce qu'un Jung appelait notre *part d'ombre*. Être plus conscient, c'est aussi se demander pourquoi les campagnes de la prévention routière ne parlent jamais d'instinct de mort ; pourquoi il est devenu si difficile de faire des enfants ; pourquoi tant de couples se séparent et pourquoi tant de gens sont à la rue...

L'Espace opère en fait un constant travail de *décentrement* qui ne peut surprendre que ceux qui ne comprennent pas ce qu'un village de vacances peut avoir à faire avec la « spiritualité ».

Sagesse ?

Il est traversé surtout, d'une façon peut-être plus explicite qu'ailleurs, par des débats qui remuent la société tout entière.

En témoigne le dossier consacré par la revue *Sciences humaines* au thème « Thérapies et nouvelles spiritualités[11] ». Françoise Champion, chercheuse au CNRS, y montre comment tout un ensemble de pratiques « mêlant les techniques de relaxation, les psychothérapies de groupe et les doctrines orientales » proposent une sagesse qui serait, sans leur être hostile, « épurée de toutes les religions instituées ». Dans cette nébuleuse « mystique-ésotérique », souligne-t-elle, le terme de sagesse « renvoie à une recherche de bonheur passant à la fois par un

11. N° 106.

travail psychospirituel sur soi et par la constitution d'un nouvel humanisme ».

Et si l'Espace était un lieu propice à la propagation des sectes ? Voyons. Françoise Champion spécifie les valeurs de la « nébuleuse mystique-ésotérique » à l'aide de quelques précis critères : l'antimatérialisme (il y aurait un au-delà de l'homme ordinaire) ; le monisme, ou refus de toutes les grandes oppositions (comme le corps et l'esprit, l'humain et le divin, etc.) ; une éthique universelle fondée sur l'amour ; le caractère « existentiel » du vécu humain ouvrant au développement de démarches « holistiques », c'est-à-dire qui prennent en compte la totalité de la personne en accumulant des références disparates.

Cette nébuleuse aurait pour fondement, avec le mouvement *New Age* des années 70, le refus de faire le deuil des grandes espérances utopiques conjugué avec le repli sur des aspirations et des pratiques plus sages : à défaut du satori ou de l'extase mystique, on chercherait le mieux-être, façon maîtrise de soi ou sérénité lunaire.

Ces débats franchissent naturellement le seuil de l'Espace – ne sont-ils pas d'actualité ? Si les discussions y sont plus virulentes à l'Espace qu'ailleurs, c'est peut-être que le public y est plus et mieux informé, compte tenu de ses caractéristiques sociales et culturelles. Il me semble que nous avons besoin d'exercer notre raison sans pour autant l'imposer là où le rêve fait défaut. Qu'aucun savoir n'est à rejeter *a priori*, mais que tout savoir est à interroger dans son rapport au pouvoir. Que le savoir prêt à penser pour tous n'existe pas. Que les réponses mécaniques, rationnelles comme irrationnelles, nous ont lassés. De plus en plus de personnes revendiquent au contraire, comme le grand documentariste Van der Keuken dans *Les vacances prolongées*, le droit de consulter à la fois le chaman himalayen et le spécialiste du centre hospitalier universitaire. La raison en nous s'est faite relative, sans vergogne. Nous savons bien qu'un bon médecin ne peut pas toujours remplacer un bon ostéopathe (et réciproquement). Il appartient à chacun, dans l'environnement complexe qu'est devenu le sien, de se faire son opinion, de mettre en lien, d'opérer le travail du sens.

Suis-je ici coupable de monisme ? Pourtant je crois à la vertu des conflits et des contradictions pour l'évolution des personnes et des sociétés. Y aurait-il une éthique universelle à l'Espace ? J'encourage plutôt, pour ma part, la parole et l'interrogation morale en situation, et j'en tiens pour la complexité, sociale et humaine. Mais le mieux-être ? Certes, mais il me semble avoir été explicite sur la vigilance à conserver en ce qui concerne les évolutions récentes du « développement personnel » !

En phase avec le public de l'Espace, je continuerai donc à lire Comte-Sponville et Krishnamurti, Michel Foucault et Luc Ferry, ou à m'intéresser, sans y adhérer autrement qu'à titre expérimental, aux pratiques rituelles du chamanisme ou du tantrisme. A chercher, sans illusions excessives mais avec une grande curiosité pour la suite de l'aventure, les chemins d'un mieux vivre, seul, à deux, en famille ou au sein de cette jolie collectivité estivale que constitue l'Espace.

Ritualité

Les nombreux articles et dossiers consacrés à la nouvelle spiritualité par les revues spécialisées, comme *Actualité des religions* ou *Cultures en mouvement*[12], insistent

---

12. Dont le n° 42 a publié un dossier consacré au besoin de sacré « comme espace de ritualisation des temps de vie », sous le titre « Les rites sans confession ». Il témoigne de l'urgence qu'il y a parfois à réinventer les rituels, que ce soit au moment de la mort – comme

souvent, par ailleurs, sur un besoin de *ritualisation* de l'existence. Il se réaffirme d'autant plus fortement que ses formes traditionnelles, villageoises au fond, sont battues en brèche dans la cité moderne. Ces publications nous rappellent que le rituel, comme l'amour ou la mort, sont des constantes anthropologiques. Les rituels visent la mise en scène, exaltante ou consolatrice, du sens. Ils mettent en lien, comme nous le signale l'étymologie du terme religion – *religare*, relier – et organisent selon les époques et les cultures la distinction entre profane et sacré.

Cette ritualité est en effet revendiquée à l'Espace. Y participer suppose simplement que l'on manifeste une disponibilité envers le sacré. Celle-ci peut s'exprimer par des croyances, une ferveur mystique, un goût pour le sublime, la sensation d'un destin commun, un désir de transgression ou au contraire de vénération d'éléments considérés comme sacrés. Elle concerne chacun de façon singulière et ne se mesure pas en termes de fréquentation d'un édifice religieux. La seule façon d'avoir accès au sacré est de permettre à chacun de témoigner de son expérience dans ce domaine.

A l'Espace, les rituels sont donc divers autant que multiples. Leur fonction est d'autoriser les initiatives en focalisant l'attention des participants. Chaque atelier a ses rituels. Et on joue un morceau de musique à la fin du petit déjeuner. On berce, en la portant à cinq ou à dix, une personne qui souffle ses bougies d'anniversaire ou qui vient de vivre un moment éprouvant. On prépare un tunnel de douceurs. Chacun dit un petit mot. On se

l'Association crématiste de France s'y est employée après avoir rencontré bien des déboires – ou au moment des fêtes qui peuvent rythmer notre existence. Les Églises elles-mêmes consacrent beaucoup de temps, poussées souvent par l'éclosion de schismes et de sectes qui les rongent, à cette question des rituels sociaux.

prend dans les bras. On chante et l'on danse à deux ou à quatre cents. On plante un arbre. On apporte en chantant un gâteau d'anniversaire aux tables – comme chez McDo, oui, mais le point fort de l'industrie américaine n'est-il pas d'avoir réintroduit du rituel dans le quotidien et de proposer non seulement un produit, mais aussi un dépaysement, tout un voyage ?

Le refus du rituel en revanche est asséchant car ce dernier crée un espace transitionnel. Il fait sortir de la stricte fonctionnalité pour permettre d'accéder à une atmosphère, au plaisir, au merveilleux, à l'imaginaire. Comment organiser un repas avec des amis sans les accueillir ? Il ne suffit pas de préparer des mets. C'est d'autant plus vrai que le tragique de la vie est proche. Les groupes qui omettent de travailler la question des rituels s'exposent donc à des déconvenues. Même les crématistes ont fini par comprendre qu'une crémation, sans rituel humain pour l'adoucir, était d'une violence proprement insensée. Tous ces rituels sont à la fois des jeux qui autorisent l'intime et des mises en scène. A travers la célébration, ils permettent à chacun de trouver sa propre expression pour faire naître un sens commun.

Le séjour à l'Espace, au fond, déplie des aspirations, met en scène des désirs et des éléments de quête qu'il se contente de prendre en charge pour les conduire de leur obscurité vers une représentation : discursive, artistique, rituelle, sensible. Autrement dit, socialisée. La culture relationnelle propre à l'Espace, plus ou moins chargée de spiritualité selon les individus et les moments, a pour l'essentiel partie liée avec un *désir de communion et de justesse.* Elle trouve ses points d'application à la fois dans les relations mises en place avec la *communias* espacienne et avec les proches. Elle revient à l'élémentaire bachelardien, qui nous rappelle avec la médecine chinoise que nous sommes composés d'éléments simples, sortes de *legos* de base de l'humanité.

Tout cela explique sans doute pourquoi le couple, les relations avec les enfants, la famille, l'activité professionnelle et la convivialité en grand groupe, la spiritualité et la sagesse enfin, font à l'Espace l'objet de réflexions et d'activités de plus en plus nombreuses. Elles se développent, semble-t-il, d'une façon qui n'est pas découplée des évolutions de la société globale.

Elles doivent aussi être prises en compte dans le fonctionnement quotidien et institutionnel de l'Espace, ainsi que dans son projet.

IV. L'aventure institutionnelle

Vivre, c'est passer d'un espace à un autre, en essayant le plus possible de ne pas se cogner.

Georges Perec, *Espèces d'espaces*

1. Élargissement du domaine des loisirs ?

Un terrain d'essai et d'autoformation

L'exportation

L'une des grandes questions posées à l'Espace est celle de « l'exportation » : comment faire pour qu'une partie au moins des découvertes et des plaisirs liés à ce temps de vacances se prolonge ?

Bien entendu, une partie des liens qui se tissent pendant l'été perdurent à l'automne tandis que certains enthousiasmes disparaissent hors du contexte : tous les emportements sécrètent leurs illusions perdues. Au fil du temps, un réseau relationnel dense et efficace s'est néanmoins tissé. Je pourrais presque écrire, en paraphrasant l'écrivain Pablo de Santis : « Une journée à l'Espace est comme une vie en miniature : des rencontres, des séparations, des adieux. Dans la vie réelle, on met des années à devenir l'ami de quelqu'un ; à l'Espace, une conversation de quelques minutes suffit[1]. » L'expansion croissante de

1. Cf. *La traduction*, 1998 et Métailié 2000. Mais là où j'écris « à l'Espace » Pablo de Santis écrivait « en voyage ».

ce réseau permet une aide réciproque, dans le cadre de projets personnels ou communs.

Entrepreneurs de leur propre vie

Même de façon inconsciente, la plupart des participants tendent à utiliser l'Espace comme un terrain d'essai. Ils semblent en accord avec cette observation d'Alain Erhenberg : « Nous sommes désormais sommés de devenir les entrepreneurs de notre propre vie[2]. » Ils osent, et plus précisément ils s'osent, de façon anticipatrice, en fonction d'échéances ou d'aspirations qui en sont encore souvent à un stade préconscient. « Je prends deux ou trois bonnes idées à l'Espace et ensuite je les applique pendant l'année », confie Pascale. Oser, donc : monter sur scène, masser et se faire masser, inventer, bricoler, parler, dire non, découvrir, improviser, écrire, organiser. Mais oser surtout ce qu'on n'ose pas encore faire dans « la vie réelle », c'est-à-dire avec sa compagne, dans sa famille ou au travail. Et cet « oser » est d'autant plus fort que l'Espace offre la possibilité de prouver quelque chose à autrui. Il permet pour faire ce saut de trouver des compagnons de route. Il y a là un processus d'autoformation, qui fait qu'un « individu décode l'événement auquel il est mêlé, en formule le principe, y porte un jugement et fait sienne, constituée en savoir, l'expérience qu'il a analysée, la relie aux expériences et aux savoirs acquis, en même temps qu'aux expériences et aux savoirs des autres[3] ».

Les nombreuses interviews réalisées à l'Espace permettent de penser que les vacances espaciennes se prolongent dans deux domaines. Dans le domaine personnel et rela-

2. Cf. *Le culte de la performance*, Calmann-Lévy, 1991.

3. Cf. Anne-Marie Green, *Les métamorphoses du travail et la nouvelle société du temps libre*, L'Harmattan, 2000.

tionnel d'abord : « J'ai découvert le chant harmonique, et j'ai élargi mon cercle de relations », se réjouit Aline. « Je me suis même trouvé une fibre artistique en décorant la prairie avec une animatrice d'arts plastiques. » La continuation des vacances se fait aussi sentir dans le domaine professionnel : « Comme il connaissait mes capacités à faire aimer la danse, un ami m'a inscrit sur les panneaux comme animatrice d'atelier », raconte Morgane. « Il croyait en moi et a tout mis en place pour que je fasse cet atelier. Les retours ont été très positifs. Dès la rentrée à Paris, je me suis organisée pour donner des cours de danse. Aujourd'hui, je fais de la danse en solo. L'Espace m'a vraiment servi de tremplin pour me lancer ! »

Des aspirations s'actualisent ainsi, selon une logique qui renvoie au travail de la boussole intérieure.

Naissance d'une vocation

Les deux domaines, personnel et professionnel, ne constituent pas pour autant des compartiments étanches. Leur influence réciproque est au contraire patente. Les découvertes personnelles font évoluer les pratiques professionnelles, lesquelles trouvent des modalités d'application imprévues à l'Espace. Patrick Michaud analyse très justement la façon dont lui-même a utilisé l'Espace :

> En 1980, explique-t-il, j'ai créé un journal. J'ai toujours été intéressé par les journaux créés à l'Espace, comme *Espace-Temps* qui a fonctionné par abonnements sous la responsabilité de Lenny Tepper. A l'époque, nous cherchions vraiment un mode de vie susceptible d'être étendu au reste de l'année. J'avais envie d'une formule qui ne soit pas trop contraignante, elle a tout de même fonctionné pendant dix-neuf numéros. Le journal, intitulé *Le Temps d'un Espace*, était réalisé dans la caravane de la prairie, avec un minimum de moyens. Les articles étaient écrits sur

place, directement sur stencil. Nous souhaitions que les espaciens s'investissent. Je faisais la première page à la main, les autres, de quatre à trente-deux selon les jours, étant numérotées au fur et à mesure. Il y avait de tout : graphisme, billets d'humeur, articles de fond, rébus, mots croisés, etc. Je n'ai jamais effectué la moindre censure. Nous bouclions à treize heures, agrafions les pages et décidions du tirage au jour le jour. En fait, il n'est jamais resté un seul numéro. Des adolescents assuraient la vente à l'heure des repas. Nous n'avions pas de journalistes réguliers, pas d'équipe de rédaction et un prix qui changeait chaque jour en fonction du nombre de pages. Ni gain ni perte, et un seul stencil a disparu. C'était une animation, pas une institution.

L'Espace est un lieu de création, je vois bien que j'y essayais ce que je ne fais jamais dans l'année. L'expérience du journal en tout cas m'a donné le goût de l'écriture et du journalisme. C'est ainsi que j'ai commencé à écrire dans une revue dirigée par André Thuriot, *L'Impossible*. J'y publie aussi régulièrement un billet d'humeur. Parallèlement, cela fait maintenant douze ans que je suis devenu le rédacteur en chef d'une revue professionnelle qui s'appelle *Kinésithérapie scientifique*. Je suis inscrit comme journaliste médical. Tout ce travail est né de mon passage à l'acte de journaliste, lors de l'été 1980 à l'Espace. C'est ainsi que mon fils est lui-même devenu journaliste.

Nombreux sont les espaciens qui estiment ainsi que leur séjour a modifié, soit le regard qu'ils portent sur leur vie professionnelle, soit, directement, leur activité même. Le rapport du cabinet Actudes souligne les conséquences positives de l'Espace dans la vie professionnelle. Ceux qui reviennent ont compris la nature et les enjeux du cheminement initié à l'Espace. Ils viennent chercher de nouveau le déclic qu'ils n'ont peut-être pas su exploiter au cours de l'année précédente, mais que l'environnement favorable de l'Espace peut leur permettre de retrouver. Ils s'appuient sur des lieux et des personnes-ressources clairement situées et identifiées, à la librairie, au lieu-corps, dans la salle informatique, etc. C'est un phénomène qui s'apparente à la satellisation, ou si l'on préfère au jazz : après s'être laissé porter par les autres, on peut se livrer à ses propres improvisations.

Des évolutions surdéterminées

Ces expériences montrent que l'Espace peut être un réel outil d'évolution personnelle et professionnelle. Mais le constat impose un bémol : il y aurait en effet malentendu et illusion à imaginer que le changement dépende seulement de l'institution Espace. Il est orchestré par une série de facteurs complexes, notamment par les nouveaux besoins de l'économie et par la nécessaire adaptation aux nouvelles technologies. La mobilité sociale existe avant tout pour ceux dont les capacités d'adaptation culturelle sont les plus grandes. La plupart des travaux en sciences humaines montrent qu'elle est intrinsèquement réduite. Il ne faut donc pas monter en épingle, même s'ils sont gratifiants, les cas exceptionnels, comme celui de Ludovic, carreleur et responsable de la logistique à l'Espace, devenu sept années plus tard agrégé d'histoire !

Il existe en fait un « jeu de marelle » entre l'emploi de type classique et les compétences complémentaires acquises au cours de notre existence. Ceci vaut à l'Espace comme ailleurs : certain banquier, dit-on, n'était-il pas médecin ? Ces compétences « hors-champ », considérées parfois comme mineures, deviennent en fait décisives lorsque les gens entreprennent de les développer au cours de formations longues. C'est ainsi que nous ressemblons de plus en plus à des poupées-gigognes, accumulant des expériences et des talents très diversifiés.

10. Évolution personnelle et professionnelle

Je suis aujourd'hui gestalt-thérapeute et clown-accoucheur. En 1979, à l'époque où j'ai découvert l'Espace, j'avais une licence de philo et j'étais professeur de mathématiques. Je venais de découvrir le *rebirth* et le cri primal, un beau matin de juin, dans *Sexpol*, une revue reichienne de l'époque, j'ai découvert un lieu dont le nom était très prometteur : L'Espace du Possible. Après des années de vacances-voyages à travers le monde, je trouvais un lieu suffisamment riche pour me donner l'envie d'y rester plusieurs semaines. Deux mois, en fait, aux côtés d'amis nombreux, qui aimaient la créativité, le jeu, l'invention de drôles d'expériences. J'ai découvert un lieu à la fois de développement personnel et de générosité, un lieu de mise en pratique de la « psychologie humaniste ». Je me souviens personnellement du ramassage des poubelles avec le camion d'antan et des premières plonges avec Dédé.

J'ai beaucoup appris à l'Espace, non sans sueurs froides quelquefois. Je me souviens par exemple des premières A.G. que j'ai animées ! Mais parler en public m'a permis petit à petit à en finir avec la terreur de m'exprimer verbalement face à un groupe. J'ai pu commencer à animer mes premiers ateliers : *rebirth*, gymnastique matinale... Ma vocation d'animateur s'est peu à peu affirmée.

C'est aussi à l'Espace que j'ai découvert le clown. Cette pratique me permettait d'allier mon côté sage et mon côté fou, de réconcilier en moi le matheux philosophe, un tantinet raisonneur, et le poète. Après les groupes de *rebirth*, ma véritable renaissance est passée par le travail du clown. En 1986, j'ai carrément démissionné de l'Éducation nationale pour entreprendre de devenir thérapeute. Mais l'heure n'était pas encore venue.

En fait, à ce moment-là, ma route m'a conduit vers des postes de responsable d'animation dans des villages de vacances. J'ai essayé d'y faire fleurir les pousses espaciennes. C'était loin d'être évident, mais je suis parvenu à m'imposer dans ces nouveaux terrains, à y favoriser une expression créatrice nouvelle, avec des soirées-cabaret, des séances d'épanouissement matinal, des dîners-chanson. J'ai encore progressé dans ma façon de conduire les groupes. Au terme de cette période, je suis revenu au social. La redynamisation de chômeurs, ou de jeunes délinquants, m'a permis de faire un travail plus profond, de revenir peu à peu au développement personnel, mais sur de nouvelles bases.

Aujourd'hui, le style de « café-débat-clown » que j'ai créé montre assez bien le chemin que j'ai parcouru. La parole y existe, elle est transcendée par le rire, ce qui ne l'empêche pas de charrier sa part de vérité. Ce sont des ateliers où chacun a l'occasion de risquer sa parole sur des sujets impliquants.

Patrice Colonna,
formateur dans l'art du clown, thérapeute

Ces phénomènes dépendent en vérité d'un contexte plus global. Les commentateurs dressent le constat d'une société, la nôtre, qui est déchirée. Chômage – même si le climat est aujourd'hui au « retournement de tendance » –, multiplication des divorces, explosion du nombre de personnes seules dans les grandes villes, fonction paternelle fragilisée, sont des têtes de chapitre récurrentes. Dans ce contexte, des groupes entiers d'individus sont en mouvement : les changements sont visibles dans le domaine de l'éducation, de l'émancipation individuelle et politique des femmes, les bouleversements s'enchaînent dans la famille comme dans l'entreprise. Le développement des capacités autonomes de l'individu, reposant sur le tricotage des interactions qu'opère chacun entre lui-même et son environnement est donc lié à une transformation sociale qui influe de toute façon sur l'ensemble de la vie.

Tutorage

Dans ce contexte, les autorisations que donnent les passeurs (ceux que Boris Cyrulnik appelle les « tuteurs de résilience »), deviennent extrêmement importantes. Tel rêve de devenir animateur d'atelier d'écriture ou architecte : si un animateur ou un architecte établi lui confirme qu'il en est capable, cela le crédibilise et il peut alors amorcer le processus. Et l'Espace est un lieu où un bon nombre de personnes sont susceptibles de tendre la main à leur prochain. On sait d'ailleurs que « l'intention et le regard sont créateurs[4] ». Imaginer que l'autre a la possibilité de réussir stimule l'échange constructif, au contraire supposer l'échec induit la difficulté. Le présupposé positif ou négatif renoue avec la « pensée magique » du jeune enfant. Il agit comme une prédiction. Car il induit un état intérieur qui tend vers la solution ou vers le problème. Les étiquettes que nous apposons et qui figent notre communication et notre conception du monde. A l'Espace il nous appartient de remettre en question ces étiquettes fixistes.

La convivialité intime, et créative, qui y règne, développe une spirale interactive. Elle renforce ce que les éthologues appellent des « comportements de charme[5] », cet ensemble d'attitudes douces, très perceptibles chez le jeune enfant : façons de demander en inclinant la tête, en faisant la moue ou en souriant avec les yeux, regard léger, ni appuyé ni effronté ni fourbe, mais qui déclenche, si elle existe, l'envie d'aider. Ce comportement de charme est source de contact et d'adaptabilité. En communiquant ses rêves et ses projets, le hasard aidant, nous rencontrons des individus avec lesquels peut se nouer une forme de tutorage.

---

4. Meryem Le Saget, *Le manager intuitif*, Dunod, 1992.
5. *Les vilains petits canards, op. cit.*

Il repose sur des échanges interpersonnels, et sur des pratiques, qui incitent à construire un nouveau sentiment de soi. Il peut s'agir de pratiques sensorielles (massage, danse), créatives (arts plastiques), verbales (théâtre, écriture) ou sociales (fête, humour, dialogue). Ce re-tutorage par le contexte est peu à peu redécouvert par notre société. « Un homme ne peut se développer qu'en se tissant avec un autre », insiste Boris Cyrulnik, et l'attitude d'aide doit « s'appliquer à découvrir les ressources internes imprégnées dans l'individu autant que les ressources externes disposées autour de lui[6] ».

Elle met en évidence, *a contrario*, cette conception pernicieuse qui infiltre la société : si quelqu'un se développe correctement, il est considéré comme une bonne graine, tandis que l'inverse fait de lui une mauvaise graine. C'est l'une des assises du racisme, qui fige l'humain dans ses déterminismes. C'est aussi le phénomène du « vilain petit canard » qui a intériorisé une vision négative de lui-même. Au lieu de valoriser sa différence, le vilain petit canard essaye de la masquer. Ce syndrome du vilain petit canard atteint un très grand nombre d'adultes ayant pourtant accédé à une certaine réussite personnelle et sociale. Mais, au-delà de l'apparence, l'observation montre qu'ils ne s'autorisent pas à s'amuser, à bouger, à rire ou à être créatifs, qu'ils ont du mal à affronter le changement. Ils sont figés dans une pseudo-stabilité qui suppose qu'ils ne rencontrent pas de véritables difficultés. Il suffit d'un changement brutal (perte d'emploi, séparation, ménopause, maladie, etc.) pour qu'ils perçoivent leurs limites, que le sol leur semble se dérober sous leurs pas, phénomène qui montre bien que la résilience se cultive à tout moment.

---

6. *Op. cit.*

Vers la réparation ?

Formation

La pression professionnelle est aujourd'hui telle que la revendication individuelle à l'autonomie et à la responsabilité semble avoir été complètement intégrée par les nouvelles techniques du management[7]. Comme l'énonce Vincent de Gaulejac, « la lutte des places remplace la lutte des classes[8] » ! L'une des conséquences de cette évolution est que, si la durée du temps libre augmente, notamment avec la loi sur la réduction du temps de travail, ce temps libre tend à changer de nature. Stages, périodes de conversion professionnelle, temps de congé sont considérés à notre époque comme des sas entre deux périodes d'activité. Ils font partie intégrante d'un rythme de vie dans lequel le travail constitue un enjeu permanent. Le temps libre l'est-il encore vraiment ?

Ce contexte anxiogène explique peut-être qu'au-delà de la fonction antistress traditionnellement dévolue au temps de vacances, l'Espace se voit peu à peu amené à développer deux dimensions assez nouvelles.

D'une part, les activités proposées font désormais l'objet d'une demande formative plus forte. De plus en plus nombreux sont les espaciens qui souhaitent non seulement se débloquer, mais acquérir en outre des techniques et des outils « transférables ». On ne sait jamais, cela pourrait servir plus tard ! Autrement dit, les préoccupations de « transfert de compétences » (des vacances vers la vie professionnelle), voire de reconversion professionnelle, sont accentuées. On agrandit consciemment son intelligence relationnelle et son « portefeuille de

---

7. Cf. Luc Boltanski et Ève Chiapello, *op. cit.*, chap. VII, notamment les p. 546-567.

8. Cf. *La lutte des places*, Desclée de Brouwer, 1994.

compétences ». On travaille son image, sa représentation de soi. On sait que chacun, pour être « compétitif », doit avoir des compétences à la fois techniques et relationnelles, et on s'emploie à les acquérir. De plus en plus nombreuses sont les personnes qui semblent avoir compris, tout simplement, et ceci quelle que soit leur profession, qu'elles seraient pendant une grande partie de leur carrière évaluées sur la base de leurs compétences... en communication et en accompagnement des équipes.

De ce fait, « développement personnel » et « promotion socioprofessionnelle » tendent à s'imbriquer. De véritables réseaux d'échanges et de savoirs (liés ou non au mouvement qui leur a donné ce nom, le MRERS[9]) se sont développés parmi les espaciens[10]. L'Espace devient un lieu de formation, certes atypique, fondé bien souvent sur un système proche du troc, mais d'autant plus intéressant qu'il échappe aux contraintes et aux limites de la formation professionnelle officielle.

Soupape

De plus en plus de gens, d'autre part, considèrent l'Espace comme un véritable antidote à leur métier, ou

9. Mouvement des réseaux d'échanges réciproques de savoirs : cf. *Le cercle des savoirs reconnus*, de Claire et Marc Héber-Suffrin, Épi/Desclée de Brouwer, 1993.

10. Ces réseaux ont été imaginés et développés par une association, le Mouvement pour les réseaux d'échanges de savoirs (MRERS), qui développe son activité dans de nombreux quartiers défavorisés. Ils reposent sur l'échange égalitaire des savoirs : A donne par exemple une heure à B pour lui expliquer comment on pose du papier peint ; B quant à lui donne une heure de cours de trigonométrie à un étudiant C, qui donne un cours du soir à un enfant de CM2, qui est le fils de A. Cet échange ne passe pas par un échange d'argent ; sinon, on n'est plus dans un RES, mais dans un SEL (service d'échanges locaux).

une soupape de sécurité. L'Espace proposant une zone de moindre pression sociale, on peut s'y essayer par exemple à « parler vrai[11] », alors que le « mentir-vrai » est devenu en revanche une pratique organisationnelle généralisée, d'une façon qui surprendrait l'inventeur de la formule[12] : mais c'est que « plus l'enjeu est grand (fragilité personnelle, contrats importants, situation professionnelle à risque), plus l'agressivité est latente et plus il est nécessaire que les rituels, surtout ceux qui expriment des intentions non agressives, soient marqués voire exagérés[13] ». Chacun doit donc gérer, professionnellement, le double lien entre volonté de communiquer, de dire « je » et nécessité de respecter à la fois le « je » d'autrui et les contraintes de l'environnement.

A l'Espace, il est possible en revanche de réapprivoiser d'autres modes d'expression. On peut même se taire, pour retrouver une certaine qualité de silence, avant de s'ouvrir à des registres différents, en se sentant moins impliqués dans des jeux de pouvoir à forte tension. Ni clones ni combattants, les espaciens peuvent ainsi « se refaire du sujet », se redonner de la singularité ou du transversal, se ré-enraciner contre les modes et les pressions. Il s'agit là d'une dimension aussi nouvelle qu'imprévue. Elle explique pour une part l'importance à l'Espace de la dimension « communielle » des vacances, liée à la recherche de modes de sociabilité détendus.

---

11. Expression de Françoise Dolto.

12. *Le mentir-vrai* est le titre d'un recueil de nouvelles de Louis Aragon, pour qui la formule résumait les contradictions de l'autobiographique et du fictionnel.

13. Cf. Marie Louise Pierson, *L'intelligence relationnelle*, Éditions d'Organisation, 1999.

Une culture du souci de soi

Du couple

Les métamorphoses sociales qui affectent la vie espacienne ne concernent pas que le travail et son environnement. Elles portent aussi sur la famille. Celle-ci, note Jacques Païtra, s'est « progressivement transformée en système complexe vivant, interactif, où chacun des membres est à parité, la régulation des actions et des relations se faisant par le jeu d'influences, la durée de la famille se produisant par un désir de cohésion affective[14] ».

Toutes ces ruptures ont fait en effet évoluer les sensibilités. Au début, venir en couple à l'Espace pouvait paraître comme « ringard », tandis qu'aujourd'hui, les couples, comme les familles, font l'objet d'interrogations légitimes. L'important n'est plus de *réagir* à l'image du couple traditionnel, mais de s'interroger sur les conditions d'une relation pérenne et de qualité.

La révolution de l'intime est encore une fois passée par là. Il y a certes des codes à connaître, mais l'important n'est plus de s'ajuster à tout prix à un modèle socialement dominant (même dans un univers de contre-culture revendiquée). On accepte donc de bricoler entre des exigences contradictoires. Il ne s'agit plus de se comporter en « petit soldat de son propre rôle », par exemple, mais d'être capable de remettre en jeu, et en cause, sa vision. L'heure n'est plus à entrer dans le livre des records mais à étonner au jour le jour son compagnon, sa compagne ou ses enfants, ce qui est peut-être plus difficile.

---

14. Cf. *La société de l'autonomie*, Éditions d'Organisation, 2000.

Adieu les « flambeurs » en somme, et vivent les aventuriers de la vie ordinaire ! Si le bonheur est toujours dans le pré, il suppose un art de vivre, implique l'apprivoisement des micro-gestes qui sauvent – échanges de rôles, glissements de posture, jeu dialectique du fusionnel et du défusionnel –, suggère une science quasi musicale des séquences qui organisent le quotidien. On cherche la bonne distance, variable, sans tenter de fuir dans l'exceptionnel ou dans l'hyper-technologique, on cultive un respect nouveau de l'humaine condition, une ouverture vers l'imaginaire : vers le romanesque du jour le jour. Et à quel meilleur moment le tenter qu'au cours de cet espace ouvert que constituent nos vacances, qui nous changent, pour quelques semaines, en personnages de roman, libres de s'écarter quelque peu, chacun à sa façon, de la noria des gestes habituels ?

Dans ce monde mouvant de la modernité, la solidité d'un couple repose avant tout sur sa capacité à constituer un espace de confiance. Les femmes en particulier expriment l'exigence d'une écoute et d'un soutien réciproques. Ces compagnes ne demandent plus en priorité un soutien matériel, mais une authentique qualité relationnelle. Le couple n'est donc plus la dupe d'un idéal de transparence : l'apparence, on le sait, peut pimenter le quotidien. Par contre, il s'agit d'aller plus au fond de soi-même pour trouver des ressources cachées.

La position du conjoint après tout est essentielle : il est cet autre significatif (cet *alter ego*, selon Jung) qui permet d'acquérir une vision stabilisée du monde dans un univers où les autres nous renvoient des images multiples. Cet aspect des choses implique forcément un bricolage entre authenticité et indépendance, qui suppose plus que jamais une véritable connaissance de soi. Dans le droit fil des travaux de Palo Alto, cette relation-là sait qu'elle « ne peut pas ne pas communiquer ».

Elle est donc recherche de compréhension fine et acceptation des difficultés qui peuvent survenir, dans la sexualité comme avec les enfants. Chacun sait que la relation n'est pas donnée pour l'éternité, que sa réussite suppose une forme d'élaboration continue, intérieure et partagée, qui gagne aux échanges avec d'autres couples, ou à des réflexions qui font l'objet à l'Espace de véritables ateliers.

Familles, je ne vous hais plus

Il en va de même pour les familles, dont la réalité est beaucoup plus prégnante à l'Espace que naguère. Nombreux étaient les couples qui se changeaient en quasi-célibataires, nombreux étaient les parents qui ne savaient plus que faire de leurs enfants quand ils arrivaient à l'Espace : ils venaient pour eux-mêmes, leurs enfants soudain leur semblaient « en trop ». Leur « gestion » était lacunaire, d'ordre occupationnel : on organisait un tour de garde par exemple, mais comme pour mieux s'en débarrasser. Aujourd'hui s'affirme l'idée, notamment avec Marie-Christine Médani qui a créé un groupe de rencontre régulier parents-enfants, que l'Espace doit être un lieu d'épanouissement pour les enfants et adolescents aussi.

Le temps libre ne vise plus seulement à satisfaire un besoin d'expression et de liberté frustré par une société autoritaire. Il met en évidence une exigence de finesse et de richesse relationnelles que les ruptures du lien social au cours des deux dernières décennies ont rendue impérieuse. Il mène à une culture du souci de soi qui s'affirme fondée sur des individualités en évolution, mais capables de se reconnaître comme solidaires. Comme le rêve la philosophe Monique Canto-Sperber, « la société idéale serait celle où chacun aurait les moyens de mener cette tâche de définition de soi, à l'encontre des dogmatismes[15] ».

Épanouissement personnel, culture du souci de soi, ré-interrogation des façons de vivre en couple et en famille, adaptation aux nouveaux enjeux du travail... Jusqu'à quel point la fonction « méta » de l'Espace, liée à une culture dense de la relation et des problématiques de la vie quotidienne, peut-elle lui permettre d'accompagner intelligemment les effets de mutations qui concernent la société globale ?

15. Cf. *Libération* du 10 janvier 2001.

2. La quête d'une intelligence collective

Permissivité ou transformation de l'autorité ?

La convivialité espacienne

« A l'Espace, confie Bernadette, j'ai surtout rencontré des amis. Quatre ans plus tard, ce sont toujours mes amis, et cela inclut mon compagnon actuel. Des amitiés sont nées, se sont poursuivies l'année suivante, puis à Paris. C'est sans doute le lien le plus fort qui existe entre l'Espace et ma propre évolution : des rencontres, avec des gens qui avaient des intérêts et des objectifs proches des miens. »

La multiplicité des occasions de rencontre proposées par l'Espace, à travers ateliers, repas, tâches collectives et fêtes, constitue un facteur prépondérant de la quantité, comme de la qualité, des relations rendues possibles entre les espaciens. Le tutoiement, assez général sans être ni systématique ni imposé, le peu d'apparat vestimentaire (sauf en soirée), s'ils n'abolissent pas les frontières symboliques, permettent cependant d'approcher l'autre de façon plus facile que dans la vie courante.

« Se côtoient ainsi, observe Maurice Piau, des personnes de tous bords, de toutes origines, de toutes nationalités. » Les confrontations, lorsqu'elles ont lieu, ont toujours lieu entre des personnes singulières. Les distinctions ne disparaissent pas – l'allure d'une telle, l'aptitude à la parole ou la maladresse d'un autre – mais les hiérarchies classiques, d'argent ou de statut social, n'opèrent plus en tant que telles : elles sont déplacées, remplacées par des formes d'autorité liées à la responsabilité matérielle ou symbolique d'une tâche ou d'une activité.

Globalement, cette fluidité des relations est surtout la possibilité ouverte au rire et à l'amitié. L'existence de nombreuses amitiés hommes-femmes est largement évoquée dans les témoignages. « A l'Espace, câlin veut dire câlin ; si on veut autre chose, il faut demander autre chose. » Il est possible de solliciter un moment d'attention, une main posée sur l'épaule, ou une épaule pour déposer un instant son désarroi. Il suffit d'apprendre à demander, et c'est bien l'un des apprentissages les plus répandus, et des plus utiles, à l'Espace.

Bien sûr, il faut aller au-delà de cette surface chatoyante. Les anciens de bien des Clubs (Méditerranée) ne pourraient-ils pas écrire la même chose, à quelques mots près ? Et surtout, comment se gère à l'Espace le dialogue inévitable entre la permissivité et la nécessité de tenir le cadre ? Quelles sont les limites à l'Espace, et comment sont-elles maintenues ? Qu'en est-il, aujourd'hui, de cette dialectique inlassable du désir et de la loi, de l'expression de soi et de la règle ?

Particules élémentaires

Nous vivons aujourd'hui le temps des « hommes pluriels », en quête d'intégration et de sens dans un environnement en constant changement. Ils masquent moins leurs problèmes derrière une apparence d'autorité. Ils ouvrent les yeux sur l'impossibilité de la reproduction à l'identique : de nombreux mondes se côtoient et l'individu ballotté recherche un mixte entre tradition et modernité. L'évolution du monde est le résultat d'un processus complexe, qui s'est simplement accéléré depuis cinquante ans.

Ce serait en somme la fin d'un modèle d'homme – et d'autorité – hérité de la société rurale traditionnelle. Ce constat permet de mieux appréhender, rétrospectivement, la permissivité qui fut la marque de tant d'entreprises libertaires, de la célèbre école autogérée de Summerhill à l'Espace du Possible.

Il est d'ailleurs curieux de voir comment la référence à l'école autogérée de l'Écossais Alexander S. Neil, rendu célèbre par ses livres *Libres enfants de Summerhill*, puis *Pour ou contre Summerhill*[1], appelle l'association d'idées avec l'Espace du Possible. Il fut question au début de l'année 2000 de fermer l'école, qui avait eu le mauvais goût d'agacer le gouvernement britannique. Dans un article du *Monde* en date des 20-21 février 2000, Marion Van Renterghem jubile : « On se réjouit d'imaginer la caricature qu'aurait pu faire de Summerhill le romancier Michel Houellebecq, comme il l'a faite, dans *Les particules élémentaires*[2], de ce camp de naturistes post-hippies où les vacanciers passent leurs journées à hésiter nonchalamment entre l'atelier philosophique ou le bain collectif, tout nus dans la piscine. »

Les particules élémentaires croquaient un tableau certes peu amène... de l'Espace du Possible. Mais il est bien difficile de reconnaître l'Espace dans la caricature

1. Cf. A. S. Neil, *Libres enfants de Summerhill*, Payot, 1972.
2. Flammarion, 1998.

brossée par la journaliste du *Monde*. La rumeur, suggérait Pier Paolo Pasolini naguère, c'est cet « orgasme des bien-pensants » signalant le retour d'un refoulé qui, dûment projeté sur l'autre, peut se vivre en toute quiétude.

Un mot du roman de Michel Houellebecq, puisque l'un des deux principaux personnages de son ouvrage, Bruno, circule pendant plus de quatre-vingts pages dans un lieu étrange où chacun est invité à reconnaître, sous le masque transparent du « Lieu du Changement », l'Espace du Possible. Je ne souhaite pas revenir sur les polémiques qui suivirent, ni sur le procès[3]. Je ne condamne pas le cynisme de Houellebecq *a priori*. Il peut constituer une réaction salutaire et le trajet de Bruno dans le « Lieu du Changement » ne manque pas d'aspects positifs, même si la caricature en est grinçante. C'est en effet là que le personnage trouve la tendresse, et même, si misogyne soit-il, une occasion de se rencontrer lui-même. Les cinq séjours de Michel Houellebecq à l'Espace, où il a, notamment, animé des groupes d'écriture et chanté en public, l'ont aidé à vaincre une timidité maladive et à libérer sa créativité.

Le narrateur est moins convaincant lorsqu'il entend distribuer ses leçons *urbi et orbi*. Qu'est-ce que ce fantasme d'une cité d'hommes enfin débarrassée des questions que posent la différence sexuée et sa consé-

3. La maison d'édition Flammarion fut contrainte à modifier le nom de l'Espace du Possible en « Lieu du Changement » ainsi que son emplacement. Le Lieu du Changement est donc situé à la fois vers la ville de Cholet et au bord de la mer (comprenne qui pourra). Une fois encore, le procès que nous lui avons intenté ne mettait absolument pas en cause le droit de Michel Houellebecq de s'inspirer de l'Espace, mais simplement le fait qu'il jouait sur l'illusion de réalité en référant une description misogyne méprisante et très agressive à une institution nommément désignée.

quence, la reproduction ? Un remède à l'abandon d'une mère, peut-être ? Mais risquer cette hypothèse revient à sortir de la littérature au profit d'une lecture biographique...

L'ouverture du roman à une réflexion de type social, même si les thèses de Houellebecq ne me conviennent pas, me semble en tout cas une conséquence de ses nombreux séjours à l'Espace.

Pour ma part, j'accorde plus d'importance au rôle prépondérant de la femme dans la révolution de l'autorité. L'émancipation des femmes a été le premier signe de l'ébranlement du « vieux monde ». Dans les années 70, toute une série de vieilles imagos paternelles ont chancelé sur leur socle puis basculé. Les femmes ont considérablement accru leur niveau d'éducation, ont été de plus en plus actives en politique et ont pris une place économique accrue. Les figures d'autorité n'ont pas disparu pour autant, mais elles ont cessé d'être incontestables. Leur effritement a contaminé toute l'antique morale sexuelle et sociale, qui s'est trouvée remise copieusement en question, notamment dans des lieux comme l'Espace.

L'autorisation

C'est dire que l'esprit d'ouverture fut d'emblée, à l'Espace, une valeur largement consensuelle : moins en tant que telle qu'en tant que préalable à l'autorisation. C'est une permission que l'on se donne. C'était l'époque du : « Tu fais comme tu sens ! » Nous repoussions les limites dans lesquelles nous nous sentions comprimés. Nous respirions enfin à pleins poumons, sans nous inquiéter de savoir si l'air n'était pas un peu toxique. De façon toute relative d'ailleurs : un nombre important de participants, à l'Espace comme dans tous les hauts lieux de la contestation, étaient passés par les mouvements de jeunesse communistes ou chrétiens, et leur exigence rigoriste ne se laissait pas si facilement oublier.

C'est dans le domaine du corps que cette ouverture toute neuve s'exprima le plus visiblement. Le massage permettait d'en finir avec le perpétuel *noli tangere* des pédagogues. D'autres animations, comme la pratique du bercement collectif, directement inspirée des groupes de rencontre[4], de la peinture sur le corps ou des bains d'argile collectifs, invitaient à la fusion et à la régression. J'ai pour ma part initié de nombreux bercements collectifs : il suffit de se rapprocher de quelqu'un de consentant, de le prendre par les épaules ou par la taille ; un tiers se joint à nous, puis d'autres encore, pour quelques minutes assez étonnantes, de bercement, de rythmes vocaux archaïques. On en revenait à des formes élémentaires de grégarité, à l'appartenance physique au groupe.

Les bains d'argile pouvaient ainsi rassembler jusqu'à cinquante personnes. Elles se retrouvaient à proximité de grands bacs remplis de glaise. Elles s'enduisaient réciproquement la totalité du corps, ce qui couvrait la nudité et leur donnait un aspect de statues. S'ensuivait un étrange ballet, parfois accompagné de musique, où les bercements, les glissades, les caresses prenaient beaucoup d'importance. Tout cela, une fois encore, *n'allait pas sans dire :* il ne s'agissait pas de rester à un stade d'indifférenciation. La régression est possible, riche d'enseignements, sans qu'il s'agisse de la valoriser en tant que telle. Il s'agit de ce que Michel Maffesoli propose, dans *L'instant éternel*, de nommer *régrédience* : le retour momentané à une posture régressive, d'autant plus riche de sens que la personne est adulte et qu'elle se met volontairement en déséquilibre

4. Cf. *Le corps et le groupe*, d'Anne Ancelin Schüzenberger, Privat, 1977, p. 224.

Le travail des limites

Le rôle de la parole et des règles

Cet exemple permet de voir que la question des limites s'est élaborée à travers l'exercice de la *parole*. C'est la parole en effet qui est constitutive de l'élaboration de la loi symbolique. La loi n'y est plus autorité s'exerçant dans un arbitraire vertical, mais condition de l'amour mutuel. L'adulte est pour l'enfant, par exemple, quelqu'un qui dit une loi à laquelle lui-même est soumis : la parole prend la place d'une expérience simplement ressentie (peut-être intensément, mais confusément tant qu'elle n'a pas été nommée, objectivée, située). Lorsque la loi et les règles ne sont pas suffisamment claires, c'est encore à la parole qu'il appartient de les édicter, puis de les faire respecter.

Les limites s'imposèrent progressivement en fonction des problèmes rencontrés. La prohibition de l'inceste par exemple est toujours allée de soi, dans cette tribu qui compte Freud parmi ses ancêtres directs. La drogue aussi fut interdite d'emblée. De même, le nudisme se vit aussitôt attribuer ses zones spécifiques. La nudité reste plus présente à l'Espace que dans un camping ordinaire. Elle est l'un des choix possibles, comme à la douche où coexistent des douches ouvertes et des cabines individuelles. Elle peut être simplement discrète, lorsqu'une personne se fait masser en se contentant de couvrir son sexe d'une serviette. Moins taboue que réglée, d'une façon qui permet à chacun de vivre à cet égard selon la philosophie de son choix, la nudité fait du reste régulièrement l'objet de débats, où interviennent parfois de vrais clivages intergénérationnels. Le rôle des responsables est ici, chaque fois, de représenter le tiers. La loi en effet ne résulte jamais seulement du consensus entre les présents, et ce n'est pas aisé à faire entendre.

11. Les règles

Certaines façons d'être et de faire facilitent ou non la convivialité. D'abord, la façon dont les personnes qui détiennent le pouvoir dans l'organisation pensent les choses.

Les règles de l'Espace produisent un certain type d'ambiance : ce sont les règles du jeu d'une certaine manière d'être et faire. Dans l'organisation, il y a par exemple le système des panneaux d'affichage et des activités, qui implique une première règle : *J'ai le droit de disposer du lieu*. L'accès aux panneaux, à la proposition, est libre, ouvert à tout le monde après présentation à la réunion d'animation, un peu à la façon d'un service ordinaire proposé dans un café, un restaurant ou un club de vacances. C'est conditionné par le droit d'être là. A l'Espace, ce droit est d'autant plus sensible qu'on a son emplacement, et qu'on peut aussi disposer pour soi de divers lieux collectifs et de matériel.

Il y a donc une deuxième règle : *J'ai le droit de prendre des initiatives*. Ce droit est celui de proposer des activités, des groupes de rencontres. Des gens qui sont tristes aujourd'hui ? On ne parle pas de ça en général. Là, on va pouvoir en parler.

La troisième règle, c'est donc qu'à l'intérieur des initiatives qu'on prend, il y a la place pour de l'inhabituel qui serait intéressant pour la personne qui propose. *J'ai le droit de proposer quelque chose d'inhabituel*. La quatrième règle en est la conséquence. Elle concerne les personnes auxquelles s'adresse la proposition : *J'ai le droit de ne pas participer aux activités qui me sont proposées*. J'ai même le droit de ne participer à aucune des activités. Les gens qui ont envie de se retrouver autour des mêmes choses peuvent le faire dans un rapport de pouvoir relatif, temporaire, qui est celui du proposant. Le risque est limité : on peut même partir si on découvre qu'on préfère rester seul.

La cinquième règle est un devoir : *Je participe aux tâches matérielles*. Sinon, elles ne seraient pas accomplies : préparation de la nourriture, nettoyage, accueil des nouveaux arrivants, etc. Ce partage est important pour que les rencontres ne se produisent pas seulement à l'occasion d'une activité, mais aussi à l'occasion d'un travail. Les équipes, de cuisine ou d'accueil, font connaissance. L'important, c'est qu'il n'y a pas de différence dans la valorisation symbolique de ces tâches, au contraire de ce qui se passe dans la vie sociale où rémunération et reconnaissance symboliques sont différenciées. Le fait que tous les membres du groupe aient une tâche à accomplir utile à la collectivité crée une image de relative égalité sociale. Cette convivialité est artificielle par rapport à la vie extérieure, puisque les différences sociales sont temporairement réduites, comme on le fait sur une plage en se mettant en maillot, alors qu'on ne modifie rien. Mais quand même ! Si ça ne change en rien les inégalités extérieures, ça introduit à l'intérieur des gens, même temporairement, l'idée qu'une rencontre de cet ordre est possible.

Ceci entraîne une sixième règle, qui porte sur la gestion des différends. Ce qu'impriment les responsables de l'Espace sur ce plan est plutôt de l'ordre de l'échange, du sens de la négociation. C'est-à-dire qu'il y a des possibilités d'aménagement de l'existence où on va garder la rigueur de la règle, mais en étant capable de l'aménager en fonction des besoins des personnes. Il y a une loi, mais elle peut être négociée. *La règle peut être négociée, aménagée* (en dehors de la loi républicaine qui s'impose nécessairement). C'est quelque chose qui contribue aussi à la convivialité.

Jacques Salzer,
enseignant en sciences de l'éducation

La Charte

La Charte de l'Espace, reproduite en annexe, est ici explicite. Il suffit de rappeler que l'Espace se situe tout simplement dans le cadre des lois françaises. Même à l'époque héroïque, les espaciens signaient pour un mouvement comme le MLAC, qui réclamait l'accès libre et gratuit des femmes à l'avortement et à la contraception, mais ne signaient pas « L'appel du 18 joint ». La conscience sociale du bien et du mal, du possible et de l'impossible, est tout bonnement aussi ancrée à l'Espace que dans d'autres collectivités. La loi comme les règlements, à cet égard, ne font que formaliser les valeurs. Il n'est arrivé que deux ou trois fois, en plus de vingt ans, qu'un adulte soit renvoyé de l'Espace.

Le recours intelligent à sa propre liberté reste donc une valeur espacienne. Il est préféré à l'injonction ou à l'exercice *a priori* – avant toute parole – d'une autorité arbitraire. Il faut distinguer entre castration préalable – renvoyant à la castration réelle – et castration symbolique qui réfère à la loi. Pour Françoise Dolto, la castration symbolique est semblable à la taille de l'arbre : elle lui permet de grandir.

Quel rôle la structure Espace peut-elle jouer dans ce champ d'interrogations ? Comment gère-t-elle concrètement les choses ?

Quels repères ?

Les sociologues notent que depuis les années 80, nous vivons le temps de l'homme *incertain*, en développement ou « en perspective », voire d'un homme *à problèmes*, en perte de repères, immature et vivant sa liberté non plus sur le registre gidien de l'exaltation, mais sur celui de la condamnation. Il se sent trop responsabilisé, assigné à trop de rôles, sollicité par trop de tentations et d'injonctions mêlées. Ces analyses donnent-elles quelques indications utiles, en ce qui concerne le rôle que doit jouer l'institution Espace ?

Elles peuvent jouer, d'abord, un rôle *critique*. Les individus peuvent expérimenter des techniques de gestion de soi qui donnent un sens renouvelé à l'esprit d'entreprendre. Les créateurs après tout, les inventeurs, les créatifs, semblent moins des hommes incertains que des individus qui tendent à identifier leurs motivations profondes, à articuler leurs passions privées à des projets sociaux ou artistiques. L'homme autonome, aujourd'hui, sait à la fois dialoguer avec l'autorité et trouver sa propre place.

La philosophie existentielle offre elle aussi des réponses en suggérant que l'Espace doit, plus que jamais, favoriser une meilleure intégration des trajectoires individuelles. Il ne s'agit pas de se détourner de l'initiative, de l'entreprise, mais bien au contraire d'approfondir des motivations personnelles qui s'exercent sur tout l'éventail des modes de socialisation. D'avancer donc, dans l'exigence et dans la complexité, en respectant le geste fondamental que chacun tente de déplier dans le cours de sa vie. Cela signifie que les animations proposées à l'Espace doivent aider chacun à se situer dans une histoire qui est aussi celle de pratiques culturelles constitutives d'une identité en recherche. C'est en ce sens que travaillent de nombreux animateurs de l'Espace, telle Nicole Yanni, qui insistent sur la valeur de l'héritage que constituent les textes et l'histoire.

L'Espace a d'autres façons de jouer ce rôle d'identification et d'élaboration des repères. Il peut permettre, par exemple, à chacun de se resituer en tant qu'homme ou en tant que femme. C'est pourquoi, en 2000, le festival de l'Espace, consacré au thème du *masculin-féminin*, a servi de fil conducteur à toute une série d'activités : ateliers d'écriture, sophrologie, histoires de vie, danse, peinture à deux (*anima* et *animus* œuvrant sur la même toile), méditation zen, PNL, théâtre improvisé, chant, groupes de parole, tantra, psycho-généalogie... Permettre à chacun, encore, de distinguer, par exemple, entre l'individualisme particulariste que dénonçaient déjà Tocqueville et

Dürkheim – le règne du « tout à l'ego » – et un individualisme universaliste, dans lequel la reconnaissance des singularités est porteuse de libération[5]. Permettre d'apprivoiser, enfin, la dialectique entre l'émergence du Je (le jeu) et l'exigence du cadre (la responsabilité).

Contrats

Ces deux dernières forces sont traditionnellement séparées dans notre société. A l'Espace, elles cohabitent. L'Espace n'est pas une institution libertaire, même si les vacances induisent plutôt l'émergent que l'exigence. Mais il s'agit d'un *espace transitionnel d'émergence*, et c'est bien la raison pour laquelle les personnes qui s'y trouvent ont besoin que s'exerce en parallèle une force contenante, capable de leur autoriser la fragilité transitoire qu'impliquent le jeu et la créativité au travail. L'enjeu est celui de la restauration de capacités inhibées ou celui du développement d'un germe créatif. Il peut supposer la solitude – celle que peut privilégier l'artiste constitué –, ou, tout aussi bien, la reconnaissance en autrui d'un principe parent qui tient cet espace transitionnel en se portant garant du cadre – qui permet au nageur de s'abandonner à l'eau.

Toute la finesse consiste à exercer cette fonction parentale, celle du cadre, sans agir sur un mode purement coercitif. La difficulté est connue en ce qui concerne les relations adultes/adolescents. Mais tout adulte peut se comporter parfois en adolescent (et la réciproque est vraie). Elle est vite évidente à l'Espace pour les proposants. Dans l'animation de leurs activités, ils doivent être

5. Je reprends ici la distinction posée par E. Schweisguth : cf. « La montée des valeurs individualistes », *Futuribles*, juillet-août 1995.

capables de se respecter eux-mêmes et de garantir un cadre et des règles : arriver à l'heure, protéger les plus fragiles, faire respecter la parole de chacun... C'est une condition *sine qua non* de la réussite de leur activité, d'autant plus que la souplesse relative du cadre de l'Espace les renvoie tout particulièrement à eux-mêmes.

Initiation moderne

On voit de façon concrète comment la notion de contrat touche à l'éducation du rapport à autrui. Elle permet de passer de l'émergent (l'expression) à *l'engagement*, en créant les conditions d'un investissement clair et circonscrit. Si une personne souhaite monter une pièce de théâtre, elle va devoir apprendre à la fois à s'appuyer sur le cadre et à veiller à ce que le contrat soit respecté, y compris par le groupe qui l'aide à monter la pièce. Apprendre à dire oui, ou non, de façon responsable. A instaurer et à faire respecter des limites de budget, de temps, de bruit, par exemple.

Comment va-t-elle y parvenir ? Le rôle pédagogique des responsables est de donner les autorisations, de l'aider à adapter son projet. Cet apprentissage se fait dans le dialogue. Des tensions peuvent surgir. Certains confondent désir et réalité, n'ont guère le sens de l'effort, croient à une *magie* de l'Espace. Il faut donc être parent, « faire du cadre », c'est la croix du responsable. On pose des questions : « Tu as déjà ce type d'expériences ? » On évalue si la personne est capable de réaliser, de transférer ou de déléguer. Nous sommes là au cœur de l'initiation moderne : ça marche, ou pas, mais il appartient à chacun de prendre ses responsabilités, c'est la condition de la réussite. On ne peut, à ce niveau, se trouver (ou se rassembler) que séparés, contrairement à tout ce qu'induit le transitionnel.

Du bonheur

Légèreté

L'Espace doit donc à la fois constituer un véritable cadre et remplir son rôle avec une certaine légèreté. Il ne s'agit pas d'un service logistique professionnel. Il peut y avoir du jeu, au sens mécanique du terme. C'est une garantie de bonne respiration. Le cadre général est indiqué sur la plaquette de l'Espace : l'AG, les panneaux, les activités préprogrammées de qualité, mais en nombre insuffisant, de façon à ne pas décourager l'initiative. Reste ensuite à accompagner le jeu des interactions entre les personnes et leurs initiatives. La Charte de l'Espace précise les droits et les devoirs de chacun, sur le plan déontologique, en donnant un cadre précis au double exercice de l'autonomie et de la responsabilité. Tout à l'Espace contribue à aider chacun à construire son cadre intérieur.

Cette « légèreté » est sans doute la raison fondamentale de la convivialité espacienne. Les rituels eux-mêmes, qui frappent si fortement l'esprit et la mémoire des nouveaux participants, reposent sur une culture de l'accompagnement réciproque. Ils sont au fond le contraire et l'antidote du bizutage qui règne encore dans certaines écoles. Ils participent, à rebours des individualismes exacerbés, d'un hédonisme relationnel tous azimuts.

Proche du tribal diront les critiques. Peut-être. Mais pourquoi pas ? Michel Maffesoli, évoquant précisément la quête d'hédonisme tribal qui caractérise selon lui le style de vie symbolique de la post-modernité, souligne que c'est bien « par rapport à l'autre que je me situe. On voit bien que cela forme une antinomie avec l'idéal démocratique moderne [...] de l'individu autonome, maître de lui et de son histoire[6] ». J'y vois la marque d'une autre conception du bonheur.

Collectivité

« Une telle perspective, insiste Maffesoli, veut dire que le bonheur individuel n'a de dignité que s'il est obtenu dans le cadre d'un bonheur collectif. Une telle perspective met l'accent sur l'aspect organique des choses, c'est-à-dire sur le fait que l'intime, le vécu, ont autant d'importance que ce qui est réputé noble ou sérieux [...]. En fait, pour reprendre la célèbre expression de Stendhal, "la chasse au bonheur peut aussi se vivre au quotidien et donc, comme tout ce qui porte cette marque, avoir une dimension essentiellement collective[7]". »

L'Espace est-il maffesolien, ou Michel Maffesoli espacien sans le savoir ? Sont-ils post-modernes l'un et l'autre ? On peut y réfléchir à partir de ce paradoxe d'une socialisation de l'intime. Notre pensée oppose traditionnellement le domaine public, social, au domaine privé, intime. Mais Michel Maffesoli définit précisément la post-modernité comme une « synergie de l'archaïsme inconscient et du développement technologique ». Elle généralise donc le rapprochement de ce qui semblait contraire jusqu'à une période récente. Le progrès en tant que tel se trouve remis à sa place. Ce n'est pas parce que c'est nouveau que c'est bien, ni parce que c'est traditionnel que cela ne présente pas d'intérêt. De tout cela, je juge par moi-même. Le *point d'assemblage* de l'humain est actuellement en train de se déplacer. Il ne se situe plus dans les grands ensembles sociaux, mais davantage chez l'individu lui-même. La vérité, du moins l'adhésion à une thèse, doit se construire

---

6. Cf. *La contemplation du monde - Figures du style communautaire*, Grasset, 1993, et Poche Biblio, p. 47-48.

en chacun. Les choses se passent un peu comme pour ces ordinateurs dont les composants viennent de pays différents, avant d'être assemblés en France en fonction des besoins propres de chaque utilisateur. Le système donne une plus grande autonomie potentielle, et une plus grande responsabilité, à l'individu : il dépend moins d'une famille élargie, d'une profession ou d'une entreprise, ou même d'un parti politique.

Ce nouvel état de choses donne en outre plus d'importance au micro-social.

Le village africain ?

Dans ce contexte, si le sens de l'autorisation ludique n'a pas disparu de l'Espace, il a perdu son agressivité contestataire. A une époque où tout le monde rêve de pèlerinage, de voyages, de mue identitaire, l'originalité et l'importance renouvelée des rituels témoignent plutôt d'un besoin grandissant de rites de passage. L'ethnologue observe que ces rites sont toujours caractérisés, précisément, par une permissivité exceptionnelle qui n'empêche pas, ensuite, aux logiques ordinaires de reprendre leur cours. Les ouvrages qui leur sont consacrés montrent que la transgression en fait partie. Je suis frappé, à rebours, par la rareté des transgressions auxquelles donnent lieu les rituels espaciens : elles ne peuvent y passer inaperçues, ni y être tolérées, aussi aisément que dans un quelconque carnaval de Rio.

Bien au contraire, d'année en année, l'Espace a vu s'épanouir une dimension de village africain. Solidaire : on s'occupe, à l'occasion, des enfants des autres, on met à l'abri un étendage menacé par la pluie, on discute, on respecte les usages d'autrui. La convivialité y témoigne

---

7. *Op. cit.,* p. 54-55.

d'une quête de globalité villageoise en rupture avec les modes urbains contemporains. Le communiel prévaut sur le curial. Les réseaux développés par les espaciens tendent modestement à s'étendre au-delà de la bulle protégée des quelques hectares de l'Espace.

Quel peut être le rôle de l'Espace, sinon d'accompagner cette quête sur un mode aussi adéquat que possible ?

3. Le chantier institutionnel

Garant

Mon implication

Il est impossible d'évoquer la structure de l'Espace sans revenir sur mon propre rôle et notamment sur la complexité d'une position dont il est facile de percevoir les paradoxes, mais que j'ai par ailleurs toujours assumée comme une recherche aux résonances tant personnelles que collectives.

Cette aventure m'implique profondément à divers titres. J'y suis tout d'abord investi à titre personnel, en tant que psychosociologue, animateur puis directeur de l'association créée en 1977. De ce fait, je me trouve particulièrement exposé, d'autant que j'ai pris le risque que l'expérience se déroule sur un terrain familial.

Cette dimension a sans doute été occultée par quelques espaciens. La dépendance au territoire est fluctuante, mais pour un projet de cette nature, il y a toujours une dépendance à gérer, ne serait-ce que vis-à-vis de l'image d'un sponsor ou d'un groupe de propriétaires. L'important lors de la création était que le terrain de jeu existe : il y avait là une *occasion*, vécue comme un élément conjoncturel, contingent. De fait, l'aventure aurait pu se dérouler autrement. On peut toujours y rêver : vingt personnes auraient pu mettre leurs revenus en commun. Quelqu'un aurait pu mettre à la disposition du groupe un château et son parc, quelque part en Sologne. Mais la réalité s'est ancrée à Meschers.

Il s'agissait d'une contradiction potentielle, en tout cas d'une tension entre deux logiques, associative et privée, à rendre productive. Ce qui est clair, c'est que ce que j'appelle après Georges Lapassade l'instituant – la force d'entraînement du désir – l'emportait alors, et de beaucoup, sur l'institué. Ce qui importait vraiment, c'était le « possible », la puissance de vie offerte par les lieux, et non la réduction à la propriété privée ou au pouvoir de tel ou tel responsable. Cela pouvait entraîner certaines confusions, l'indistinction des places et des enjeux contribuant au sentiment de bonheur et d'omnipotence. Les enjeux de pouvoir eux-mêmes étaient vécus au sein des AG, alors que l'essentiel des décisions fondamentales se prenaient « à froid », l'automne venu, dans la perspective de la saison à venir. Et l'automne venu, à qui revenaient les décisions, en dernière instance ? A moi-même, avec le soutien de quelques personnes particulièrement investies, qui donnaient encore de leur temps pour se confronter à des réalités plus triviales que les envolées d'assemblée générale : les rangements, les factures, les travaux, les réparations, l'information, les mises en conformité légales...

Garant d'une orientation

Il a donc fallu revenir sur nos fantasmes autogestionnaires. Nous avons retenu la formule juridique de l'association, structure idéale pour les aventures collectives, royaume de la rémunération symbolique et de l'action expérimentale ou sociale. Elle se prête merveilleusement aux aventures communautaires, permet de faire l'impasse, pendant un temps, sur l'argent, les contrats de travail, les pouvoirs effectifs. Elle permet de donner toute son importance aux régulations internes et aux débats.

Je me trouvais donc point de jonction de deux logiques, associative et familiale. A la fois héritier, et partie prenante. Cette place charnière m'exposait, à l'intérieur en tant que représentant du seul pouvoir officiel et clairement identifié, mais aussi à l'extérieur en tant que représentant légal de ces drôles de campeurs qui tranchaient sur le tourisme royannais ordinaire.

Le rôle à jouer est plus complexe qu'il n'y paraît. L'aventure ne pouvait se vivre que si moi aussi je m'impliquais, notamment dans les animations – de fait, l'animation me passionne davantage, moi aussi, que la gestion –, dans des rencontres, dans un cheminement personnel. Mais parallèlement, j'étais porteur du projet, avec l'envie de l'ancrer dans la durée.

Je me suis donc, peu à peu mais de plus en plus nettement, trouvé en situation de garant de la continuité de l'aventure et de dépositaire contesté de son sens. J'ai dû peser, dès les premières années, sur les orientations prises. Il a fallu refuser, par exemple, de développer l'Espace sur le modèle d'Esalen[1], avec des thérapeutes rémunérés pour leurs animations et des *work-scholars* (assistants en formation) leur donnant « un coup de main ».

Un événement pesa sur mon appréhension des choses. A cette époque-là, au cours d'un week-end de groupe que

---

1. L'Institut d'Esalen, situé à Big Sur en Californie, regroupe depuis les années 60 autour de Michel Murphy, et dans sa propriété familiale, plusieurs des pionniers des nouvelles thérapies de groupe.

j'animais hors de l'Espace, s'est produit un accident mortel. J'ai compris, suite à la période de crise personnelle que cela m'a fait traverser, qu'il était hors de question de prendre à l'Espace un risque de cette nature, inhérent à la confusion entre prise en charge thérapeutique et vacances expérimentales. C'était la porte ouverte à l'hôpital de jour informel ! Il fallait poser l'objectif – les vacances –, et ses limites, de façon plus forte. Nous avons donc fait le choix d'une orientation compatible avec ces constats. Nous avons notamment développé un réseau de personnes capables de détecter les problèmes éventuels et de conseiller sur les décisions à prendre pour les régler.

Les « grandes oreilles », apparues à l'Espace bien plus tard, sont une parfaite illustration de cette orientation. Chaque semaine, quelques personnes volontaires sont cooptées autour d'un coordinateur choisi par les responsables de l'association. Quiconque à l'Espace éprouve le besoin de parler a la possibilité de les contacter. Elles informent, rassurent et renvoient les personnes qui les consultent à la réalité, à leurs propres responsabilités. Leur fonction s'apparente à celle de certains éducateurs en milieu ouvert, qui écoutent, détendent l'atmosphère, suggèrent ou défendent des positions de bon sens. C'est un élément, là encore, de la culture « amicale-contenante » propre à l'Espace.

Garant de la sécurité

Garant, je le suis aussi de la sécurité des espaciens. La sécurité m'a toujours paru essentielle, même si elle ne faisait guère partie de la contre-culture. De fait, il y a exceptionnellement peu d'accidents à l'Espace. Nous en sommes arrivés à une vraie sécurité *du troisième type*, ce qui ne nous empêche pas de rester vigilants en ce qui concerne les deux premiers. La sécurité du premier type

12. Une vraie sécurité

Il existe à l'Espace un rapport ambigu à la loi, et pourtant il n'y a pratiquement pas d'accident. C'est un paradoxe d'autant plus fort que certaines entreprises font des efforts extraordinaires pour faire de la sécurité et connaissent cependant problème sur problème ! C'est ce paradoxe qui m'intéresse en tant que professionnel de la sécurité. Je l'énoncerais ainsi : on ne peut pas dire que le cadre soit complètement tenu, et cependant il doit bien exister un cadre efficace, puisque dans des domaines où le potentiel de risque est énorme, il existe un nombre anormalement bas de dysfonctionnements ! C'est quelque chose qui renvoie à la théorie des ensembles flous : il faut admettre que des éléments apparemment disparates peuvent faire partie d'un même ensemble, qui tient. Il y a un ordre, mais lequel ?

L'Espace oblige à reconnaître qu'il est possible de prendre le risque d'un cadre qui ne soit pas toujours nommé, formalisé, connu et su. Ce risque et cette responsabilité sont assumés, notamment face à la commission de sécurité, par le fondateur de l'Espace, Yves Donnars.

Les limites existent à l'Espace, mais elles relèvent chaque fois d'une recherche. D'une part, elles ne sont pas nommées – on essaie seulement de les formaliser par affichage de règlements –, d'autre part on a créé un cadre, dont les limites sont portées par des personnes, ce qui semble beaucoup plus important que l'affichage formel d'une réglementation. La limite se trouve dans la tête des gens, de façon à la fois individuelle et collective.

L'Espace confronte à des limites qui ne peuvent être définies à l'avance : quels en sont alors les indicateurs ? La capacité d'une organisation ou d'un système à résoudre les tensions ou les conflits avant qu'il y ait eu préjudice. Si l'on est obligé de prendre les problèmes à un niveau tel qu'il relève déjà de l'application de la sanction, quand il y a eu violence, atteinte à l'intégrité physique ou psychique d'une personne, cela signifie que l'organisation a déjà échoué dans la définition du cadre et des limites.

On a là, en somme, l'idée que le cadre est toujours à renégocier, les règles du jeu toujours à reposer. Elles ne vont pas être affirmées une fois pour toutes : elles sont toujours négociables. Si quelqu'un dit : « On ne peut pas faire ça parce qu'il est écrit dans le règlement intérieur qu'on ne doit pas le faire », on a déjà échoué. Cela signifie en effet qu'on a mis en avant les règles au lieu de mettre en avant la loi. La loi, c'est de réfléchir avant de passer à l'acte. C'est être capable, avant de s'engager dans un processus, de repérer les points de non-clarté qui peuvent exister à l'intérieur d'un groupe, d'anticiper. Elle renvoie à la capacité qu'ont les organisateurs d'une activité, ou les participants, à repérer ce qui n'est pas clair dans les règles avant même le démarrage.

Ça ne peut pas marcher si les gens sont constamment obligés de faire référence à de la réglementation affichée. Dès qu'il y a des règles, de toute façon, il existe une recherche de leur contournement. La loi, elle, ne peut être contournée dans un dispositif, sous peine d'exclusion immédiate. C'est la loi fondatrice de toute vie en société, celle qui permet la mise en place de toutes les autres lois : le fait qu'on ne commence pas par la violence physique ou morale pour imposer quelque chose. Ce qui oblige à créer un espace de communication.

C'est bien le problème de l'Espace : à quel moment quelqu'un peut-il se sentir en situation d'être respecté et de respecter l'autre, sachant que plusieurs générations se trouvent en présence, que les gens se confrontent à ce qu'on appelle la liberté (non pas l'absence d'interdits, mais la capacité de porter certains interdits en les vivant comme justes) ? Ce n'est en rien évident, puisqu'on y accueille des gens dont le degré de maturité est très divers. Mais heureusement, car s'il ne le faisait pas, l'Espace s'installerait dans une sorte d'ostracisme élitiste, d'exclusion fondée sur des critères. Alors que le seul critère imposé, et à chacun, est de ne pas abuser de la découverte qu'il peut être amené à faire des faiblesses d'autrui. En même temps, la présence du collectif est quelque chose qui caractérise l'Espace. La présence des autres sert de garde-fou chaque fois que c'est nécessaire. La vie et la mort se trouvent en dialogue permanent. C'est plein de fleurs, plein de vie, l'Espace, mais la mort y est présente, comme n'importe où, puisque chacun vient ici comme ailleurs avec ses morts, avec son histoire, avec ses problèmes. Ce qui est très positif à l'Espace, c'est que le collectif sert de régulateur aux inévitables confrontations individuelles avec les limites. Autrement dit : je viens avec mes morts (je ne peux pas faire autrement), et avec ça j'essaye de faire de la vie. L'Espace prend en compte la part d'ombre de chacun, au sens jungien de l'expression, c'est-à-dire admet que quelqu'un puisse ne pas connaître certains aspects négatifs de lui-même, sans que cela pour autant l'expose d'emblée au risque d'être exclu. Quelqu'un peut par exemple craquer, s'effondrer, avoir un surgissement d'affect qui va laisser émerger toute une part insoupçonnée de lui-même : et cette possibilité, paradoxalement, constitue un véritable espace de sécurité.

Dans une entreprise en revanche, vous pouvez parfois développer les comportements les plus pervers, mais du moment que vous tenez un langage extrêmement respectueux, au moins sur le plan formel, de la hiérarchie et de l'organisation existante, c'est très difficile à débusquer. L'hypocrisie verbale peut protéger avec efficacité quelqu'un qui développe des comportements, des relations, parfaitement ignobles.

A l'Espace, c'est l'inverse : vous disposez d'une réelle liberté verbale, y compris vis-à-vis du directeur. Cette liberté effective de parole fait que le dire n'est jamais motif d'exclusion. Par contre un acte dangereux pour autrui ou pour la collectivité donne lieu à une prise de décision rapide. Et c'est bien parce que les choses s'organisent de cette façon qu'il y a aussi peu d'accidents dans un lieu qui semble *a priori* s'y prêter.

Norbert Châtillon,
pychanalyste et expert en sécurité

consiste simplement à mettre en place des garde-fous comme poser des rambardes au bord de l'étang. Avec le second type, des règlements s'élaborent, que l'on peut ensuite afficher pour plus d'impact.

A l'Espace, nous essayons de rendre chacun conscient du danger inhérent à toute activité humaine. Si je m'installe au volant après avoir vidé une demi-bouteille de whisky, je sais que j'ai un comportement dangereux, mais ce n'est pas suffisant, car cela ne m'empêchera pas nécessairement de prendre la route. Il faut donc impliquer les individus *de façon collective* et les rendre conscients de cette ligne rouge. C'est une affaire de contrat social. A l'Espace, chacun sait, par exemple, qu'allumer des bougies dans une tente constitue un danger grave. C'est la qualité de la vie, globalement, qui dépend de cette sensibilité aiguisée au risque. La Charte précise par ailleurs que la sécurité est avant tout l'affaire de chacun ; qu'à titre personnel chacun doit intervenir lorsque c'est nécessaire, qu'il s'agisse de la sécurité physique d'un enfant, de mœurs ou encore de prosélytisme sectaire. Il y a des limites, et il convient de les gérer naturellement de façon aussi fine et aussi nette que possible.

Nous avons dès le début cherché à faire en sorte que les choses puissent fonctionner sans devenir pénibles ou dangereuses. C'est de cette façon que les vraies responsabilités se sont prises. Ainsi, un adolescent a besoin que le frigidaire soit plein, que la voiture dans laquelle il se trouve ne s'écrase pas dans un ravin à trois heures du matin. Les responsables de l'Espace ont donc toujours assuré un véritable accompagnement. La structure n'est pas première, sans doute, dans la vie de l'Espace, mais elle assure l'accompagnement indispensable.

Certains s'imaginent que cet accompagnement s'est mis en place de façon « spontanée ». En vérité, il n'existe pas de spontanéité dans l'accompagnement. Des gens prennent des positions, acceptent des responsabilités, par ricochet, d'autres s'en trouvent soutenus dans leurs projets. Il en va de même pour la *synergie* : ce n'est pas par génération spontanée que différents ateliers convergent pour proposer un spectacle chaque fin de semaine. Cette convergence est minutieusement préparée.

Il en va de même, *a fortiori*, dans le cas des grandes fêtes espaciennes. Un jour, quelqu'un arrive avec le projet fou de construire une pyramide à l'Espace. Il expose son projet à l'assemblée générale et tout le monde est partant : en une semaine, la pyramide est construite, inaugurée grâce à deux spectacles. Fantastique ? Non. Il fallait trouver du bois, l'acheter, construire en cinq jours, et sans accidents, un objet charpenté de plus de huit mètres de hauteur.

L'âge adulte

On voit bien que tout cela – comme l'épanouissement personnel, finalement – est une *construction*, et pas seulement métaphorique. Il y faut, outre la créativité, de la patience, de l'obstination, du travail. C'est la réalité, et sa résistance, qui nous ont fait évoluer.

En 1986, l'Espace a été menacé de faillite après une saison financièrement désastreuse. Je me suis rendu compte à quel point le système était dépendant de la présence ou de l'absence de certaines individualités. Si Marc et Marie-Hélène, le couple qui drainait les Bretons dès le début du mois de juillet, par exemple, reportait son séjour sur le mois d'août, le mois de juillet accusait une baisse de fréquentation de 30 % ! Force et faiblesse d'un système fonctionnant en réseau ! C'est notamment de ce genre de constat qu'est né le *programme* annuel des activités qui tendait à répartir plus harmonieusement les animations sur l'ensemble de la saison. Pour limiter les gaspillages, nous avons également développé la notion de *service*: il s'agissait de disposer d'un économe et d'un cuisinier afin d'améliorer la qualité des repas et de réduire les erreurs inhérentes au changement quotidien de l'équipe responsable. La même année, le fisc s'est penché sur notre comptabilité, plus que sommaire il est vrai! L'Espace a subi un redressement de TVA. Puis la Direction départementale des affaires sanitaires et sociales (la DDASS) a exigé des locaux aux normes! Il a fallu faire preuve, là encore, de la volonté de durer. Changer. Accepter de prendre des mesures dictées par la nécessité, faire en sorte d'augmenter les rentrées financières. Le bénévolat a certes permis d'amortir bien des chocs, mais aujourd'hui les frais fixes de la société SFRL[2] qui gère l'Espace sont tels qu'ils dépassent largement, chaque année, les deux millions de francs. Il n'est plus possible d'improviser au jour le jour. Il a fallu intégrer des normes légales, des techniques, y compris comptables, redécouvrir certaines des vertus qu'impose la confrontation avec la réalité. Les responsables de la structure ont dû assumer au premier chef ces évolutions. Selon les exigences fiscales on a opéré une distinction fondamentale entre la dimension associative des vacances et la propriété juridique du terrain. Une association est donc responsable des activités qui se déroulent pendant la saison, tandis que la SFRL gère le terrain, les locaux, l'équipe des permanents.

La SFRL est un outil au service du projet. C'est une société de type SARL, mais son fonctionnement comme l'atmosphère qui y règne restent plus associatifs que commerciaux. Ses marges sont réduites, imposant une

2. Société de formation, recherche et loisirs.

gestion rigoureuse, d'autant que les salaires, modestes – ils vont de 7 000 F à 13 000 F bruts mensuels –, représentent néanmoins plus du tiers du chiffre d'affaires.

L'équilibre dynamique et paradoxal

Tous ces éléments ont modifié la conception que nous avions du rôle stimulant de la structure. Nous fonctionnions sur le modèle de la *catalyse*. Le rôle de la structure était donc de soutenir les catalyseurs du projet. Le problème est que l'on ne catalyse que ce qui peut l'être : s'il s'agit de construire, par exemple, des locaux en dur et non plus simplement des cabanes en bois, la catalyse ne suffit plus. Il faut faire le tri entre possible... et impossible, gérer les frustrations éventuelles, faire le deuil d'un certain nombre de rêves. Il a fallu apprendre à travailler avec un autre modèle, celui d'un équilibre dynamique paradoxal entre catalyse et construction, fondé sur la prise en compte de forces complexes. Entre le trop adolescent et le trop adulte, il fallait trouver l'équilibre.

En fait cet équilibre résulte du travail d'un paradoxe particulier : trop d'ordre tue l'ordre et trop de liberté tue la liberté. Le paradoxe c'est d'articuler une structure en réseau qui correspond au foisonnement d'initiatives (l'instituant) et un organisme structuré (l'institué) qui est pyramidal et correspond à la continuité annuelle. Sans arrêt nous devons communiquer pour montrer la fertilité de ce paradoxe. Certains ayant du mal à comprendre que la part d'improvisation de l'Espace nécessite un grand travail en amont, tout comme un artiste ne peut improviser que sur les bases d'années de travail. La liberté a ainsi un coût qui n'a rien de magique, chacun peut le constater en ayant accès à la comptabilité. L'entretien de multiples locaux, cinq salaires à l'année, trois fois plus l'été, montre que notre petite liberté doit s'étayer sur des contraintes, à nous tous de savoir les rendre légères.

Parallèlement, d'autres réflexions ont été menées. Ainsi, dans certains ateliers, il ne s'agit plus exclusivement d'improviser un sketch, d'élaborer rapidement un texte ou une émotion, mais aussi de se demander parfois pourquoi on le fait, avec quelle stratégie et en fonction de quels enjeux. Le sens, décidément, ne surgit pas tout seul : il est perpétuellement à ré-élaborer. L'*eccéité*, c'est-à-dire la valorisation de l'instant immédiat, a ses limites, tandis que la durée et les processus ont leurs vertus.

Un chantier institutionnel

Ces considérations dessinent en filigrane l'Espace comme un objet institutionnel en plein travail. Le projet de l'Espace s'appuie sur plusieurs formes d'expertises, y compris extérieures à l'Espace. Il articule un droit de propriété, une société et une association régie par la loi de 1901, ainsi que, négociés, des contrats, des valeurs communes. La double structure juridique – société/association – coïncide en fait avec sa structure fonctionnelle. L'Espace est en effet, globalement, une structure de nature dissipative : trop rigide, elle exploserait.

Nous avons donc toujours été en recherche d'un cadre intelligent, fondé sur un véritable consensus. C'est pourquoi les deux structures juridiques recoupent largement l'articulation travaillée entre une équipe fixe de permanents professionnels et une équipe plus ouverte, mobile et discursive, d'animateurs des activités estivales. Elles sont porteuses d'un désir. Elles sont l'instituant de l'Espace, le moteur des idées, des initiatives ponctuelles, de tout son potentiel ludique et festif. Les proposants autorisent l'émergence. Ils incarnent l'Espace, d'une façon presque « holographique », en ce sens que chacun d'entre eux en est un représentant informel. Leur légitimité est fondée sur la discussion, non sur la domination ; ainsi Jacqueline Raulo est responsable des « grandes oreilles » sans être membre ni du bureau ni du conseil d'administration de l'association.

Ces personnes qui le représentent symboliquement ont accès, et c'est capital, au niveau *méta* de l'Espace. Je me souviens par exemple de ce jour où un homme copieusement perturbé s'en est pris, non sans agressivité, à la tente d'une femme dont il était en train de tomber amoureux. Jacqueline et l'équipe des grandes oreilles lui ont accordé pendant une semaine deux courts entretiens chaque jour, et le problème a été résolu, alors que le « perturbateur » aurait été instantanément exclu d'une institution ordinaire.

Cette légitimité consensuelle est représentative d'un état d'esprit interactif. C'est ainsi par exemple que s'est mise en place la réunion de bilan des proposants. Certains animateurs avaient tendance à partir très vite en fin de semaine, pour se protéger et éviter de rouvrir les émotions et difficultés de la semaine. Les problèmes soulevés par ce comportement ont permis de parvenir à un accord sur la nécessité de tenir des réunions de bilan hebdomadaires avec tous les intervenants.

Instituant et institué

Une équipe...

Nous essayons de développer une éthique communicationnelle[3]. L'intelligence de la médiation collective est sans doute l'une des grandes recherches institutionnelles

3. Référée aux analyses de Jürgen Habermas dans *Théorie de l'agir communicationnel*, Fayard, 1987.

de l'Espace. Le sens s'y trouve lié à l'exigence éthique d'une collectivité, et ceci sur un mode non fusionnel. Le tragique est inévitable ainsi que l'absence de principe unificateur (pas de chef parfait ni d'idéologie parfaite) et l'acceptation des imperfections du « bricolage ».

Tous les permanents n'en sont pas moins porteurs de l'institué (du cadre légal et matériel, notamment) et de la stimulation de l'instituant, cette force motrice émanant du désir et du faire collectifs au fur et à mesure de leur émergence[4]. Ils prennent en charge de nombreuses réunions (notamment celles que génèrent toutes les activités décidées au dernier moment) et doivent pour ce faire être capables de faire appel aux vacanciers (puisque les quatre heures à effectuer sont instituantes). Ils doivent accepter, ce qui n'est pas toujours aisé, les perturbations constantes de l'instituant : le bouillonnement, les remises en cause ou encore la contestation des décisions prises la semaine précédente. A eux de transmettre l'information, de servir de mémoire. Ils doivent accepter que, chaque semaine, la partie se rejoue à partir de prémices nouvelles. Ils sont abonnés à l'incertitude et à l'ambiguïté, puisque les capacités de l'instituant varient de semaine en semaine. C'est dans cette dynamique qu'ils peuvent faire avancer les choses, tout en se sentant très libres par rapport à l'institution Espace.

Leur travail suppose un ensemble de qualités rares, à la fois techniques, relationnelles et d'adhésion au projet de l'Espace. L'adhésion est indispensable : sinon, comment le permanent peut-il comprendre pourquoi l'Espace ne développe pas davantage d'institué, pour réduire l'incer-

4. L'opposition entre instituant et institué a été initialement proposée par Georges Lapassade dans *Les micro-sociologies*, Anthropos, 1996, p. 103.

titude, comme le ferait n'importe quelle administration ou entreprise ?

... au service du possible

L'Espace se travaille désormais comme une création collective. La transformation a été difficile, puisqu'il s'agissait au fond de changer d'objet : de passer du groupe et des perpétuelles tentations narcissiques ou régressives qui l'accompagnent, à une réalité construite et à distance de chacun des acteurs qui la produisent. Cela exige d'aller davantage vers l'extérieur, d'une façon plus intégrée, multiforme, en restant dégagé de l'impulsion initiale. Le possible ne réside pas dans le changement perpétuel – sinon il se confondrait avec une simple permutation, à l'exemple de ces personnes qui ne cessent de changer de conjoint sans se changer elles-mêmes. Le possible implique le cheminement. Nous pouvons à cet égard nous appuyer sur l'idéal collectif si palpable à l'Espace. Il redonne sens à des éléments jugés archaïques, parce que dévalorisés par la rationalisation du monde, comme la spiritualité, l'esthétisation de l'existence ou même une certaine dose de tribalisme amusé.

Le jeu peut devenir conflictuel, dans la mesure où le « vivre ensemble » est plus égalitaire, la structure plus hiérarchisée. Nous avons toujours valorisé la *communitas*, c'est-à-dire la façon dont chacun pouvait s'impliquer dans l'Espace, y compris à travers les quatre heures de service collectif. C'est ce qui explique tous les jeux de dérision qui touchent les figures d'autorité à l'Espace, y compris la mienne. Jeux de clowns et sketches visent souvent à mettre en évidence le caractère construit et tout relatif des hiérarchies et des rôles sociaux. Il s'agit là encore de rituels de passage. L'existence du bouffon rappelle sans cesse aux « autorités » que le pouvoir ne leur appartient pas, qu'il est conféré par la relation à la collectivité, ce qui impose une certaine humilité. On retrouve d'ailleurs dans ces jeux les étapes évoquées par Victor Turner dans *Le phénomène rituel, structure et anti-structure*[5]. Séparation – il s'agit de montrer que certaines personnes sont différentes des autres –, maintien dans la marge, puis réintégration dans le groupe. Si ces jeux permettent à chacun de se situer, ils ne changent rien au fait que chacun sait que les décisions devront être prises ou entérinées par des responsables identifiés. Mais ils constituent une part importante de la dialectique fondamentale entre structure et *communitas* ; les rites de passage en constituent en somme l'instance de rééquilibrage permanent.

Appuyons-nous sur cet idéal collectif pour inventer les relations et les rôles institutionnels que suggère le nouveau *style de vie symbolique*, selon la formule chère à Michel Maffesoli. Ce style émerge, intégrant les techniques – informatiques, artistiques, gestion financière, etc. – sans occulter le ludique ni le rêve.

Ainsi va l'Espace aujourd'hui. Quelque chose naît aujourd'hui – une génération plus tard – d'une structure plus élaborée, plus constructive, plus ouverte, non vers la seule intériorité mais aussi vers le *web*. Il s'agit d'objectiver. D'articuler auto-organisation et construction à long terme. D'imaginer une épure pour les dix ans à venir, engageant la société et l'association, les incluant et les dépassant l'une et l'autre. Cela suppose encore bien des illusions à perdre, des places et des statuts à formaliser, des séparations et des distinctions à affirmer.

5. PUF, 1990.

Conclusion : Vers le projet

Une initiation à la vie

Hapax

Penser à l'avenir impose de revenir à ce débat aussi ancien que l'Espace lui-même. Constitue-t-il un prototype ? Est-il voué, par conséquent, à un développement par essaimage ? Ou bien constitue-t-il ce qui s'appelle en linguistique un *hapax*, c'est-à-dire un mot, une forme ou un emploi dont on ne peut relever qu'un seul et unique exemple ?

Force est de constater que la démultiplication sur le modèle et dans la structure de l'Espace n'a guère eu lieu. Tout au plus s'est-il trouvé quelques groupes pour essayer de vivre ailleurs une expérience analogue, qu'ils souhaitaient vivre dans un cadre différent. De petites structures ont donc été créées, comme l'association Possibilis, la NDI (la non-directivité intervenante). Les Créations du Possible, Les Rencontres de Sahune, Accueil ou encore un journal comme *Le Journal de l'Impossible*. Il s'agit d'une petite et fertile nébuleuse, de rencontres multiples colorées par le passage à l'Espace.

Mais de façon générale, c'est plutôt le transfert individuel qui s'affirme, en résonance avec une demande d'intimité et de convivialité de plus en plus forte dans la société elle-même. J'ai senti aussi l'impact de certaines de nos pratiques sur le milieu du tourisme, parmi les éducateurs sportifs. Il est limité par le fait que toutes les institutions qui les concernent sont saturées au cours de l'été, et que par voie de conséquence la qualité espacienne semble inabordable.

D'un côté, l'Espace développe une influence par capillarité, tandis que de l'autre, sur le terrain, il reste une expérience unique. Il faut donc valoriser, cette singularité. La richesse de l'Espace est de constituer un *lieu* peu modélisable. Il y a la qualité de son emplacement : les collines, la mer, les arbres, un espace vaste et ouvert. Il y a dans sa réalité un élan, et de l'idéal investi.

Ma position particulière à l'Espace m'a toujours conduit à naviguer entre idéal et réalité. A caboter peut-être, bricoler sûrement, mais en anticipant, tel le navigateur de nuit lorsqu'il ne dispose pas pour autant du sonar ultramoderne permettant le pilotage nocturne zéro défaut. Nous savons, à l'Espace, que nous manions une illusion, mais une illusion productive, comme peut l'être un rêve partagé. Le dire n'est pas faire l'impasse sur le politique, mais distinguer ce qui relève des vacances – la durée de séjour moyenne de l'espacien est de dix jours – des fantasmes de révolution sociale.

Un style nouveau

L'Espace est un observatoire, voire un sismographe, à partir duquel il est possible de deviner certains des mouvements qui travaillent notre société. S'y donne à lire cette nouvelle « configuration du monde. Depuis quelques années s'amorce une profonde métamorphose qui, d'une manière organique, s'organise à partir de germes pré-existants. Les germes ont déjà été repérés, tribalisation, culture du sentiment, esthétisation de la vie, prédominance du quotidien. Ils sont en train de constituer une nouvelle configuration du monde [...] qu'il est urgent d'analyser. C'est cette configuration qui délimite, en son sens le plus strict, le style de l'époque[1] ».

L'Espace est à coup sûr l'un des lieux où ces différents « germes » sont aisément décelables. Il ne s'agit pas d'une simple « communauté d'été ». La vie à l'intérieur de toute structure estivale est entièrement saturée par l'idée de vacance. On y régresse, on s'y fait plaisir, on s'y laisse dorloter et prendre en charge, on en part et on oublie. Les personnes qui viennent à l'Espace sont certes sensibles à la qualité de détente qu'elles y trouvent. Mais la socialisation de l'intime ouvre sur une exploration personnelle dont l'espace est celui, winnicottien, de l'émergence, non du dorlotage. Elle implique un cadre pensé, des activités, une réflexion, des échanges, une densité exceptionnelle de propositions, une invitation permanente à la prise d'initiatives. L'Espace joue son rôle de « mère suffisamment bonne », et le groupe – tous les groupes qui s'y forment – celui de matrice de comportements relationnels.

Une responsabilité neuve

A ce versant s'adjoint, de plus en plus nettement, un second versant, plus conditionnel, plus dérangeant. L'Espace à travers ses animateurs renvoie à chacun des questions dont le paradigme est sans doute le suivant : qu'est-ce que je fais de tout ça ? En quoi ces activités me

1. Cf. *La contemplation du monde - Figures du style communautaire, op. cit.*, p. 21.

renvoient-elles à mon cheminement personnel ? Est-ce que je suis prêt à en tirer les conséquences dans ma vie personnelle et socioprofessionnelle ?

Il y a là une prise de conscience. Elle résulte à la fois de la socialisation de l'intime, en tant que concept espacien, et de l'évolution sociale depuis le début des années 80. L'individu, avons-nous dit, est sommé de construire lui-même son existence : au travail, où l'on exige son engagement total, où les contrats sont de plus en plus incertains et précaires. Mais aussi dans la vie familiale – plus précaire elle aussi, et dans un contexte d'interpénétration croissante, et troublante, de la vie privée et de la vie professionnelle. La vie n'est plus une succession d'étapes prévisibles et ritualisées, mais un parcours sinueux, une succession de branchements et de décrochements successifs, où il est plus facile, sans aucun doute, de se perdre.

Voilà pourquoi les hommes et les femmes d'aujourd'hui deviennent ces « adultes à problèmes » décrits par Jean-Pierre Boutinet[2]. Ils sont confrontés à des défis majeurs : la peur de vieillir et le tabou de la mort ; le mal de reconnaissance, lié à une vraie souffrance identitaire, au sentiment d'être floués par un environnement utilitariste ; la traversée d'épreuves qu'ils doivent affronter de plus en plus seuls, comme le chômage, la maladie, les ruptures et les deuils ; sans parler de l'évolution permanente des projets individuels et de la conjoncture, qui leur impose recyclages et formations.

Ces défis sont ceux des participants de l'Espace. Il tend à en intégrer les problématiques. Les activités qu'il suggère, les modalités d'échanges qu'il induit, permettent à chacun de se construire des repères dans ce

2. Cf. « L'adulte immature », in *Sciences humaines* n° 91, février 1999.

contexte insécurisant de la disparition des grandes transcendances. C'est le travail de la boussole intérieure, l'apprentissage du discernement, là où le danger serait d'alimenter simplement une rêverie en forme de caramel mou. Dans une variante du conte de la Belle au bois dormant, on prétend que la Belle a été endormie pour que le poison ne la tue pas : quand elle se réveille, il faut avoir trouvé l'antidote ! C'est dire qu'on a besoin de l'espace transitionnel, mais qu'il faut aussi savoir le quitter, se risquer, se séparer. Ce travail aide à retrouver de l'unité dans une vie fragmentée qui dissémine et diffracte sans cesse les identités sociales.

Le travail de l'extime

Si, en vacances, l'individu a toujours besoin de traverser des zones de plus basse pression – on barbote, on se fait masser, etc. –, il sait désormais qu'il lui faut aussi se construire des outils : de gestion de soi, d'autonomie, d'intégration de sa personnalité.

L'usage des vacances implique une réflexion concrète sur l'usage du monde et de la vie. On est ici aux antipodes du concept traditionnel du village de vacances, tant sur le plan de l'intime que sur celui du rapport au monde réel. Ce travail de cheminement intérieur, de construction d'outils pour la vie au-delà des vacances, de re-liaison construite au monde, je le nomme le travail de l'extime, en tant que capacité d'épanouir sa vie intérieure en relation avec les autres, et de la partager dans son environnement social.

Il ne fait pas l'impasse sur l'intime. Comme Winnicott lui-même l'a largement développé, il n'est pas question de greffer du vivant sur du mort. Ce serait la porte ouverte au royaume du *as if*, du semblant, des *faux selfs* que se construisent des personnes exposées aux pressions du monde extérieur, mais insuffisamment en contact avec leur *vrai self*, leurs véritables pulsions et personnalités, avec leur vérité vivante. Mais il est moins question que jamais de cautionner un état d'esprit dans lequel compteraient seuls le cocon (la chrysalide doit laisser sortir le papillon), la régression (avant les chocs du retour à la réalité). Il ne suffit pas de réassurer, il faut ancrer, comme le rappellent les réflexions de Jung autour du concept d'individuation : il faut devenir quelqu'un qui tient dans l'adversité. Selon la classique métaphore pédagogique, il est bon qu'à l'Espace aussi, les expériences vécues ne consistent pas seulement à recevoir du poisson, mais aussi à apprendre à le pêcher.

L'extime suggère une complicité dans l'accompagnement vers la réalité, d'une façon responsabilisante. La vérité personnelle est opaque, notre identité plurielle, il faut pour avancer là-dedans, comme dans la forêt de symboles chère au poète, effectuer un vrai travail de repérage et d'orientation : permettant de nommer des objets, des projets, de parcourir des chemins initiatiques nécessaires. Il s'agit de regarder vers le monde (et pas seulement vers son nombril[3]), d'être dans la génitalité plutôt que dans la régression : capable de s'ouvrir à l'action.

L'extime ici est le contraire de l'enkystement régressif : un ressourcement. Il s'agit de puiser une nouvelle énergie pour regarder vers le monde et autrui, se faire reconnaître, de sa femme, de ses enfants, dans son travail,

---

3. N'en déplaise à ceux qui semblent plus tentés par un intégrisme spirituel. Je ne suis pas sûr que la prière et la méditation seules permettent d'affronter le monde. Les anachorètes de la tradition chrétienne qui pratiquent aujourd'hui encore la prière du cœur sur les pentes du mont Athos n'ont-ils pas été stigmatisés par l'Église orthodoxe elle-même comme « omphalopsychiques » – ceux qui ont l'âme dans leur nombril ?

en reconnaissant soi-même sa propre diversité. Il intègre la médiation culturelle, évite les pièges du psychologisme. Il tend vers la création, tandis que l'extime constitue cette parole socialisée de l'intime qui peut faire advenir le sens partagé (et faire accéder au style de vie symbolique qui correspond à notre quête actuelle).

Ce que je propose au fond, c'est d'étendre le domaine de l'intime, de ne plus le garder vers soi, mais de s'en servir avec le plus d'intelligence et de saveur possible dans le domaine de l'action sociale et professionnelle.

La démarche qualité de l'Espace

Quel enjeu ?

Les démarches qualité jugent du plus ou moins bon fonctionnement des institutions. La base de ces démarches se résume souvent en une formule simple, qui a dorénavant beaucoup servi, « dire ce que l'on fait, faire ce que l'on dit ». A l'Espace, la vigilance a réellement été renforcée sur les questions à risque (comme la sécurité, les mœurs ou les influences sectaires). L'articulation de la créativité et de la rigueur dans les animations a été beaucoup travaillée. Les limites de la logique de développement personnel ont été explorées. Il s'agit avant tout de nommer les risques au lieu de les nier, puis de les travailler sereinement.

Beaucoup de gens dans ce domaine semblent tout confondre. Prenons l'exemple de l'animation des activités proposées à l'Espace : l'enjeu est-il de garantir un niveau de qualité constant ? Il faut alors recourir à des professionnels, les payer, les évaluer. Il ne s'agit pas pour autant d'une garantie absolue. Ou bien la qualité consiste-t-elle à maintenir la possibilité d'avoir à la fois des animateurs qui se lancent, qui *ouvrent boutique* dans l'élan de leur vocation naissante, et des animateurs plus confirmés ?

La réalité est celle d'un grand éventail de compétences diverses. Animer suppose de la maturité personnelle, des compétences relationnelles, des compétences à la fois pédagogiques, culturelles et proprement techniques. Qu'on se méfie cependant des pièges liés aux standards uniformes de qualité, dans l'animation comme en amour. Le Coca-Cola est le même à Pékin et à Madrid, et pareil résultat suppose une machinerie efficace. Mais le prix à payer est lourd : il est plus facile d'être l'une des jolies filles de son village que de se confronter au standard mondial Claudia Schieffer ! Mieux vaut donc percevoir choses et gens en fonction d'une situation, d'un contexte, en fonction d'un processus d'évolution qui intègre le droit à l'erreur. Le risque, sinon, c'est une société changée en vaste Luna Park, c'est le *scratch* de l'intime : seule compte la continuation du spectacle. *The show must go on !* C'est le danger qui guette aujourd'hui toutes les expérimentations de ce genre.

Zéro défaut ?

A l'Espace, à rebours de cette uniformisation, nous distinguons entre les animateurs débutants et confirmés : plantes, arbre ou chênes ! Nous acceptons que la fête puisse de temps à autre connaître ses *bugs*. Si quelqu'un a un malaise, on ne le fait pas évacuer illico par une infirmière, hop ! à l'extérieur l'angoisse, pour mettre à l'abri... le client, qui doit continuer à rire. Ici, les participants qualifiés pour le faire agissent d'eux-mêmes, et on voit, sur place, quelle est la meilleure conduite à tenir. Ici, on sait que circulent quelques déviants, un peu casse-pieds, ou un tantinet psychotiques. Ils sont bien repérés.

La façon dont ils peuvent remettre en cause le fonctionnement de la structure ou la sérénité ponctuelle de tel participant nous semble infiniment moins grave que l'énergie utilisée par beaucoup d'organisations à uniformiser, lisser, réduire la différence. Notre société tend à gommer tout ce qui évoque la maladie, la déviance, la mort, de façon proprement maladive. Il faut au contraire accepter d'y être confronté de temps à autre. C'est que la logique consommatoire tend à notre époque à se faire normative. Nous préférons valoriser ce qui se vit dans le particulier d'un instant, ce qui n'empêche certes pas de dialoguer avec les standards.

Je sais, pour autant, le prix du refus de penser la question de la qualité. Je ne souhaite pas un Espace uniformisé. Au contraire, je rêve que nous allions plus loin ensemble dans une complicité qui associe résolument une qualité diversifiée à la culture. La qualité de vie européenne, c'est Vienne – la Vienne du début du XXe siècle, bien sûr, celle de Schnitzler et de Freud, de Klimt et de Schiele –, c'est la culture, l'aptitude partagée à la sublimation et à la création artistique. Je plaide donc au contraire pour une *esthétisation* affirmée de la vie quotidienne, qu'il s'agisse de la façon de préparer le café ou de penser une soirée théâtrale. Pour une *imagination rituelle* qui sache valoriser les démarches, la qualité de présence de chacun. Pour un *art de vivre*, dont l'art de la conversation fait partie[4]. Et c'est quelque chose qui est souvent palpable en fin de semaine à l'Espace : en quelques jours, on est passé du chaos initial à une finesse partagée, où l'esthétique trouve toute sa place, et signe une qualité véritable.

---

4. Cf. à ce propos le n° 182 de la revue *Autrement* (janvier 1999) : *La conversation, un art de l'instant.*

Il y va de l'estime que nous avons pour nous-mêmes et pour les autres. Affirmons un peu de conditionnalité dans notre acceptation *a priori* inconditionnelle d'autrui : avec les amis, avec les proches, avec l'homme ou la femme que nous venons de rencontrer. Réinventons de la différence, de la confrontation. N'ayons pas une vision exclusivement psychologique des choses, prenons en compte aussi le résultat, ce qui bouge, ce qui a du rythme, ce qui est beau. On peut s'aider à avoir une bonne estime de soi. Comme dans les démarches de *coaching*, chacun peut permettre à autrui de se percevoir plus précisément, de façon moins idéalisée ou dévalorisée : de façon non pas désenchantée mais ré-enchantée par une exigence commune.

Dire ceci ne fait que souligner l'un des aspects de la relation d'aide : elle peut s'extrapoler en réseaux « extimes », qui accompagnent, acceptent, mais ne cèdent pas à la facilité du *béni oui-oui*.

Le débat de la fonctionnalité

Réfuter ainsi Luna Park comme l'uniformité ne signifie pas non plus le refus d'un minimum de confort. Encore faut-il savoir de quel confort on parle.

Les uns rêvent d'un Espace plus consommable, dont le standard tendrait doucettement vers ceux des villages de vacances ordinaires. Seulement en ce qui concerne la vie matérielle, plaident-ils, comme s'il était possible de découper les problèmes en tranches bien distinctes. C'est le rêve d'un social-Club Méd, sans heures bénévoles mais si possible avec des tarifs inchangés. D'autres au contraire veulent revenir à la communauté pure et dure, pique-nique tous les midi sur la prairie. C'est un piège enfantin, déjà dénoncé par Paul Nizan au début de *La conspiration* : si quelqu'un est communiste, on lui reproche le moindre verre de champagne, puisque le style de vie du bon communiste doit être « sobre et frugal ».

Dans un cas, on fait un pas en direction du confort mou, passif : le participant paie plus cher, pour avoir la possibilité d'oublier tout ce qui concerne le ménage, l'entretien, la gestion. Dans l'autre cas, on en tient pour le confort dur, spartiate et réglementaire (s'il faut embaucher, c'est un flic). Tout cela, notons-le, est très concret. Aux tables par exemple, faut-il insister dix fois pour que chacun rapporte son plateau ? Ou bien faut-il payer quelqu'un pour le service ? Ou pousser les groupes attablés à désigner quelqu'un qui s'en chargera pour tout le monde ?

A l'appui de cette voie moyenne, qui valorise un confort dynamique, je me souviens des analyses de Rachid Amirou. Quiconque se trouve en vacances réclame douceur, bienveillance, intimité. Ces valeurs expliquent l'incompréhension et les griefs du touriste quand il a simplement affaire à de bons professionnels, avec hôtesses ou accompagnateurs. « Fonctionnalité et imaginaire, précise-t-il, composent de part en part l'univers du tourisme ; négliger l'une des deux dimensions expose les gens de ces métiers à beaucoup de déconvenues. » C'est d'autant plus vrai qu'à l'Espace, les « clients » sont des adhérents de l'association.

Le débat, en fait, est celui de la fonctionnalité. En dépit des nostalgiques de l'âge d'or, qui s'opposent à tout changement parce qu'ils n'ont pas fait le deuil de l'illusion groupale, un certain nombre d'avancées ont eu lieu dans ce domaine, et au-delà des mises en conformité imposées par les pouvoirs publics. Cuisines, sanitaires, cafétéria ont considérablement changé. Il existe des bâtiments en dur, des salles polyvalentes, d'une part à l'accueil, pour les bureaux, et d'autre part pour toutes les activités corporelles, avec un sauna. Il y a une piscine, un jacuzzi importé de Californie. Et au-delà des deux bâtiments qui permettent de louer des chambres, le nombre des mobil-homes augmente régulièrement.

Mais il serait dommageable d'en arriver un jour au tout-fonctionnel (et aux tarifs qu'il implique, compte tenu notamment de la diversité et de la qualité des animations proposées à l'Espace). Ce confort mou ne correspond ni au public ni à la vocation de l'Espace. Il est inhibant pour la créativité. L'Espace de toute façon reste un camping, sur le plan fonctionnel, même s'il ressemble de plus en plus au mixte d'un camping et d'une université du mieux-vivre. Mais ce qui le distingue radicalement des campings ordinaires, comme les campings privés qui le jouxtent, ou même du camping proche du GCU[5], qui garde quelques traces auto-organisationnelles, c'est sa recherche d'une fonctionnalité au service de la créativité.

Dans le camping ordinaire, chaque pouce de terrain est utilisé au maximum. Chaque emplacement est découpé-matérialisé, il existe peu d'espace collectif de rencontre. Dans n'importe quel camping la superficie de l'Espace serait convertie en 1 000 emplacements au lieu des 200 que compte l'Espace. Ce culte de la fonctionnalité est en général corrélé à tous les niveaux : réglementaire, financier, administratif, et pour finir, humain. Il constitue une pente redoutable : n'est-il pas plus facile, au fond, de discuter des problèmes que pose tel atelier, un peu bruyant, que de la qualité du même atelier ?

Pour un confort... tendre

J'ai beaucoup réfléchi à l'expérience vécue par un ami. En tant que responsable de formation d'un grand orga-

5. Groupement des campeurs universitaires : chaîne de campings réservés aux personnes membres de l'Éducation nationale.

nisme bancaire, il avait eu à organiser un séminaire de deux semaines pour une quarantaine de personnes. Son budget dépassait le budget annuel de l'Espace : ce qui veut dire qu'avec un budget inférieur, des bouts de chandelle et de l'imagination, nous sommes capables de faire se rencontrer non plus quarante, mais plusieurs centaines de personnes, et pendant plusieurs mois ! Le budget dans ces conditions est-il le point fondamental ?

Il en va des conditions matérielles à l'Espace comme des relations entre les personnes. Il me semble que nous pouvons aller plus loin dans la valorisation de l'esthétique des lieux. Installer des pergolas, planter un jardin en mouvement, carreler de nouvelles surfaces. Inviter des artistes à résider sur le terrain en échange d'une peinture ou d'une sculpture. Acheter une demi-douzaine d'ordinateurs supplémentaires pour initier qui le souhaite aux nouvelles technologies. Disposer de lieux spécialisés pour la musique, les arts plastiques, renforcer le lieu corps et la balnéo avec une piscine d'eau chaude. Faire bâtir quelques maisonnettes à l'architecture expérimentale. Valoriser les spectacles. Quoi encore ? Il y a là une réflexion à conduire : si nous gagnions au loto, que changerions-nous à l'Espace ? Et dans l'immédiat, à défaut de loto ?

Évitons, quoi qu'il en soit, de tomber dans une fonctionnalité coûteuse, reposant sur le culte du gadget et de l'apparence. L'Espace est de nature plus interstitielle. Son intérêt réside dans l'aptitude des espaciens eux-mêmes à proposer un large éventail d'activités, et à prendre des initiatives. Ce sont elles qui transforment chaque séjour en authentique aventure, avec sa part d'inattendu et d'imprévisible. Sans oublier, bien sûr, les relations de qualité qui en découlent.

Ces réflexions nous conduiraient plutôt à rêver, en matière d'« exportation », à une sorte de label de « convivialité intime », ou à des formations qui tendraient à permettre à des gens de plus en plus nombreux de se saisir des conditions de la création de cette convivialité particulière. Seraient concernés des agents du tourisme, des formateurs de l'Éducation populaire, des animateurs de villes et de quartiers et des animateurs du tourisme. Pourraient se créer des lieux engagés autour de ce label, un café, une librairie, un cybercafé... Pas de duplication rapide et rentable d'une formule Espace du Possible – un, deux, trois Espaces ! –, mais l'invention de lieux liés à une expertise collective, adossés à des associations ou sociétés liées par une charte commune.

Il existe par exemple une librairie à l'Espace : mais une librairie à Paris pour les espaciens, toute l'année ? Et pour les activités liées à la danse, à l'écriture, à la santé et la médecine douce, à la communication et aux arts ? Et pour certaines activités sportives ? Il ne s'agirait pas de cercles, mais de lieux d'ouverture et de rencontres, animés par un réseau, analogues à ceux que le site Internet de l'Espace envisage de créer dans l'espace virtuel : en termes de *reliance* plutôt que de création proprement dite d'activités, grâce à l'organisation de forums ; susceptibles, aussi, de rassembler-cristalliser les savoirs qui courent le risque, satellisés comme ils le sont à des distances variables de l'Espace, d'être atomisés, dispersés, au lieu d'être inscrits, situés, utilisables par tous.

La professionnalisation

C'est dire à quel point la « professionnalisation » en tant que telle constitue un vrai défi pour l'Espace. La structure doit être professionnelle. Cela suppose d'articuler en permanence fonctionnalité et valeurs : « l'institué » (le certain, ce sur quoi on peut compter à l'avance), à l'Espace, doit être articulé à « l'instituant » (l'improvisé, l'innovation). Il ne faut surtout pas chercher en permanence à réduire l'incertitude, ce qui ne pourrait conduire qu'à rigidifier.

L'enjeu n'est donc pas de mettre en cause le cadre, comme le font parfois les nostalgiques, mais au contraire de le réaffirmer dans ses différentes dimensions, légale, financière et symbolique. Il peut fluctuer, évoluer, mais jamais céder au mythe adolescent de l'absence de cadre. Comme le rappelle Jacques Attali dans *Fraternités* : « Pour qu'il y ait droit à l'enfance, encore faut-il qu'il y ait devoir de parenté. Ce devoir constitue une forme très particulière de Fraternité : plaisir pris à faire rire un enfant, à l'aider à acquérir les moyens de sa curiosité, de son savoir, de son exigence, à découvrir ce qu'il peut y avoir d'original ou d'unique en lui. A lui faire comprendre les limites de sa liberté, les nécessités du partage, à lui faire prendre conscience de la différence entre la vie réelle et les sensations que procure le virtuel, à l'aider à produire ses propres images mentales, non pas en lui interdisant l'accès au virtuel, mais en lui faisant bien comprendre que l'espace ludique obéit à d'autres lois que le monde réel. A lui enseigner la Fraternité[6]. »

Reste que le projet de l'Espace n'est pas tracé. Il n'est qu'esquissé dans cet ouvrage, où j'ai voulu dire comment je percevais ce lieu singulier, qui m'apparaît comme un cadre de proposition, un style de vie en vacances, que chacun peut personnaliser à sa guise. Aller plus loin suppose la mise en œuvre d'un processus collectif.

Qu'il me soit permis pour finir de redire ma conviction : que notre société a le plus grand besoin de lieux

---

6. Fayard, 1999, p. 8.

comme l'Espace, permettant à chacun de vivre des vacances polyphoniques, où se réinventer est possible, grâce à un espace en effet « riche de l'autre », nourri de savoirs et de techniques, soutenu par des médiations fortes et larges, un environnement culturel et sensible favorable à l'épanouissement.

Vos réactions sont les bienvenues :

Par courrier : Yves Donnars
ESPACE DU POSSIBLE
8, boulevard de Suzac
17132 Meschers-sur-Gironde

Par e-mail : info@espace-du-possible.com

Site : www.espace-du-possible.com

Annexe

Charte de l'espace du possible

La charte garantit la liberté et la sécurité dans le cadre légal. Cette liberté de forme laïque exclut le prosélytisme et le démarchage.

Préambule

L'Espace est un lieu où le temps du loisir est mis au service de l'épanouissement. Il s'adresse aux personnes de tous horizons. L'Espace fonctionne comme un club d'amis où chacun prend des initiatives, donne un coup de main, facilite l'ambiance, apporte ses solutions aux besoins collectifs. Les semaines se tricotent par la mise en commun des centres d'intérêts et des compétences techniques et relationnelles.

Bien vivre à l'Espace, c'est développer son espace intérieur, trouver sa respiration, son rythme et ses trajets. Il s'agit de stimuler « l'enfant libre » foisonnant d'énergie et de créativité ; mais aussi de mûrir « l'adulte » capable d'objectiver, de mettre en forme, de se positionner, de protéger et d'aider.

Les activités de l'Espace ont pour but de faire le lien et de stimuler nos diverses « intelligences ». Ceux qui le souhaitent auront ainsi l'occasion :

1) de travailler leur expression : par le théâtre, l'écriture, les arts plastiques, la danse, etc. ;

2) de développer leur sensibilité par la relaxation, le yoga, etc. ;

3) de stimuler leur capacité à vivre ensemble : par la réalisation de projets, les tâches collectives, les jeux, les fêtes, etc. ;

4) de solliciter leur réflexion par les débats, etc.

De nombreuses personnes témoignent, chaque année, que leur expérience de l'Espace leur a permis de mieux vivre leurs relations personnelles et même professionnelles ; qu'elles se sont donné plus de liberté pour créer, pour s'affirmer tout en manifestant un sens affûté de l'éthique, pour passer de l'idée à la pratique et vice versa ; pour affiner leurs repères et critères d'existence.

Protection et responsabilité

Article 1. Le site et la vie collective requièrent votre protection. La responsabilité est à la fois commune et individuelle. Chacun est responsable de ce qu'il fait ou omet de faire, chacun doit intervenir si une personne commet un acte dommageable. Il s'agit de faire tout simplement ce qu'on fait spontanément dans son cadre familial ou entre amis. Pour protéger notre cadre de vie, nous sommes particulièrement vigilants et stricts à propos de la drogue, de la protection de la vie privée et de la protection des mineurs.

Article 2. Obligations de tout adhérent de l'association :

– Respecter la charte, être en règle avec l'administration de l'Espace du Possible, effectuer les quatre heures de service hebdomadaire, prendre connaissance du cadre de l'Espace du Possible et l'accepter.

– Ne pas se disperser inconsidérément dans un trop grand nombre d'ateliers : on suggère à chacun de s'en tenir à deux activités quotidiennes, et de garder des moments pour les intégrer, se promener, découvrir les environs.

– Donner un coup de main avant et après les activités pour nettoyer le lieu, installer ou ranger les objets utilisés.

– Signaler toute dégradation, qui engage la caution qu'ils ont déposée en arrivant.

– Veiller tout particulièrement, à partir de 22 heures, à ne pas gêner ceux qui dorment ou désirent être tranquilles, tels les voisins de l'Espace.

Les activités

Article 3. Les activités sont librement et gratuitement proposées entre adhérents de l'association Espace. Chacun est pleinement responsable de ses actes et du matériel utilisé. L'association Espace comme la société SFRL ne sauraient être tenues pour responsables de tout dommage causé lors des activités par des actions préjudiciables à soi-même ou à autrui. *Les activités se situent dans le champ des loisirs, éclairé par les sciences humaines.* Elles tiennent compte de la dynamique propre aux vacances et de la grande diversité des individus (y compris des enfants), de façon à ce que chacun(e) soit respecté(e) dans ses besoins, ses limites et son cheminement.

Article 4. Dans les ateliers d'épanouissement, nous privilégions les médiations aidant la personne à mieux utiliser ses propres ressources, soutenant particulièrement la dimension créative ou le mieux-être, tels que les arts plastiques, l'écriture, les jeux de rôles, etc. Nous maintenons un cadre où la personne se trouve valorisée et socialisée. Le cadre de vacances de l'Espace ne permet pas en revanche un travail en profondeur sur les nœuds provenant du passé individuel. La charte s'applique également lorsque les activités se déroulent à proximité de l'Espace (plage, etc.).

Article 5. Les techniques corporelles visent la forme, le bien-être, la détente. Elles sont pratiquées à l'Espace dans un climat de respect mutuel, de non-sexualité, de confiance et de sécurité. En ce qui concerne le massage, la nudité du massé est facultative mais le masseur reste habillé. La nudité est tolérée en respectant une attitude correcte. Elle est limitée aux lieux suivants (piscine, sauna, Mont Chauve). En plein air on masse en maillot de bain.

Article 6. La discrétion est requise s'agissant de la vie privée des membres. Ainsi chacun se sent protégé et peut s'impliquer en toute sécurité. Les processus du groupe en revanche sont librement commentés et nourrissent la réflexion mutuelle.

Article 7. L'exposé des projets d'activité se fait le samedi après-midi. Chaque animateur y propose ses initiatives et doit recevoir au préalable l'accord des responsables de l'association. L'association se réserve le droit de refuser ou d'interrompre une activité non conforme à cette charte.

Afin de permettre aux participants de faire leur choix en toute connaissance de cause, il est utile que le proposant donne un certain nombre d'informations sur lui-même et sa proposition. Il remplit une fiche indiquant son parcours, son expérience, sa qualification, ses objectifs et attentes, sa gratification. Il accepte d'être confronté sur sa pratique comme sur son éthique.

Le proposant est structurant et rappelle les règles de la charte. Il précise ses limites, établit avec le groupe un cadre contractuel (groupe fermé à partir du deuxième jour par exemple, être à l'heure, s'engager à être présent pendant tout le temps prévu, accepter la confrontation, etc.). Dans la mesure du possible, il donne aux participants de son groupe la possibilité d'exprimer leurs attentes le premier jour et de faire leur bilan le dernier jour. Par déontologie, le proposant d'atelier de développement personnel exclut les relations sexuelles avec les participants. Le proposant peut exclure de son groupe une personne qui ne respecte pas le cadre contractuel.

Article 8. Dans un atelier, des exercices sont proposés, mais chacun ne participe aux exercices que lorsqu'il se sent capable de le faire et qu'il décide de façon autonome que c'est bon pour lui. Les activités sont gratuites à l'exception d'une participation éventuelle aux frais matériels (notamment dans les ateliers d'arts plastiques).

Article 9. Les proposants régulent entre eux méthodes, dynamique et évolution des groupes. Tout ce qui stimule leur réflexion collective est bienvenu. À cette fin existe un apéritif des proposants, chaque jour à 19 heures et des réunions ponctuelles ou « points de pilotage ». Ils constituent des moments favorables aux échanges d'informations sur les méthodes utilisées et le vécu des différents groupes d'activités.

Bibliographie

1. Tourisme, vacances, voyage et imaginaire

Amirou Rachid, *Imaginaire touristique et sociabilités du voyage*, Paris, PUF, « Le Sociologue », 1995.

Airault Régis, *Fous de l'Inde - Délires occidentaux et sentiment océanique*, Paris, Payot, 2000.

Bachelard Gaston, *La Psychanalyse du feu*, Paris, Folio-essai, réédition en 1997.

Bouvier Nicolas, *Chronique japonaise*, 1975 et Paris, Payot, 1989.

Boyer M., *Histoire du tourisme de masse*, Paris, PUF, 1999. *Le tourisme de l'an 2000*, Paris, PUF, 1999.

Dumazedier Joffre, *Vers une société de loisir*, Paris, Seuil, 1962.

Green Anne-Marie, *Les métamorphoses du travail et la nouvelle société du temps libre*, Paris, L'Harmattan, 2000.

Hulin M., *La Mystique sauvage - Aux antidotes de l'esprit*, Paris, PUF, 1993.

Lamour P. et De Chalendar J., *Prendre le temps de vivre. Travail, vacances et retraite à la carte*, Paris, Seuil, 1974.

Leiris Michel, *L'Afrique-fantôme*, Paris, Gallimard, 1988.

–, « Les vacances : un rêve, un produit, un miroir », *Autrement* n° 111, janvier 1990.

Lévi-Strauss Claude, *La Pensée sauvage*, Paris, Plon, 1962.

Maffesoli Michel, *L'Instant éternel*, Paris, Denoël, 2000.

Marié M. et Viard J., *La Campagne inventée*, Arles, Actes-Sud, 1977.

Morin Edgar, *L'Esprit du temps*, Paris, Grasset & Fasquelle, 1962.

–, « La conversation, un art de l'instant », *Autrement*, n° 182, janvier 1999.
Pasquali, *Nicolas Bouvier - un galet dans le torrent du monde*, Genève, Zoé, 1996.
Pouillon Jean, *Le cru et le su*, Paris, « La Librairie du XXe siècle », Seuil, 1993.
San Antonio, *Les Vacances de Berrurier*, Paris, Fleuve noir, 1969.
Sansot Pierre, *Chemins aux vents*, Paris, Payot, 2000.
Segalen Victor, *Œuvres complètes*, Paris, Laffont, 1985.
Stevenson Robert, *L'Ile au Trésor*.
Sirost Olivier, *La Tente noire : sociologie du camping*, Paris-V Sorbonne, 2000.
Sirost Olivier et Raveneau Gilles, « Le double sens du camping », in *Cultures en mouvement* n° 56, juillet-août 2000.
Urbain Didier, *Secrets de voyage (menteurs, imposteurs et autres voyageurs invisibles)*, Paris, Payot, 1998.
–, *Sur la plage - Mœurs et coutumes balnéaires*, Paris, Payot, 1994.
Vernant Jean-Pierre, *L'Univers, les Dieux, les Hommes*, Paris, Seuil, 1999.
–, « Voyager, les vrais vacances », *Cultures en mouvement* n° 9, 1998.

2. L'individu contemporain dans sa subjectivité

Alain, *Propos sur le bonheur*, Paris, Gallimard, 1985.
André Christophe et Lelord Françoise, *L'estime de soi, s'aimer mieux pour mieux vivre avec les autres*, Paris, Odile Jacob, 1999.
Anzieu Didier, *Le Corps de l'œuvre*, Paris, Gallimard, collection « Connaissance de l'inconscient », 1987.
Aulagnier Piera, *La violence de l'interprétation. Du pictogramme à l'énoncé*, Paris, PUF, 1999.
Barbier René, *Petites mythologies d'aujourd'hui*, Paris, Aubier, 2000.
Bateson Gregory, *Une unité sacrée*, Paris, Seuil, 1991.
Bercoff André, *Vivre plus*, Paris, Robert Laffont, 1980.
Bergson Henri, *L'Évolution créatrice*, Paris, PUF, 1998.

Besnier Jean-Michel, *Réflexions sur la sagesse*, Paris, Le Pommier, 1999.
Bly Robert, *L'homme sauvage et l'enfant (L'avenir du genre masculin)*, Paris, Seuil, « La couleur de la vie », 1990 et 1992 pour la traduction française.
Bologne, *Histoire de la pudeur*, Paris, Perrin, 1999.
Boltanski Luc, *L'Amour et la Justice comme compétences*, Paris, Métailié, 1990.
Bonniot de Ruisselet Jacques, *Le Nombril*, Paris, Seuil, « Le temps de rêver », 2000.
Boutinet Jean-Luc, *L'immaturité de la vie adulte*, Paris, PUF, 1998.
–, « L'adulte immature », in *Sciences humaines* n° 91, février 1999.
Brückner Pascal, *L'Euphorie perpétuelle*, Paris, Grasset, 1999.
Buber Martin, *Je tu*, 1923 et Paris, Aubier, 1969.
Chrétien Jean-Louis, *Le regard de l'amour*, Paris, Desclée de Brouwer, 1999.
Clément Gilles, *Le Jardin en mouvement*, Sens et Tonka, 1997.
Comte-Sponville André, *Traité du désespoir et de la béatitude* (2 vol.), Paris, PUF, 1984 et 1988.
Corneau Guy, *N'y a-t-il pas d'amour heureux ?*, Paris, Robert Laffont, « Réponses », 1997.
Cyrulnik Boris, *Un merveilleux malheur*, Paris, Odile Jacob, 1999.
Czechowski Nicole, *L'Intime*, Autrement, 1986.
Danziger Kurt, *Socialization*, Londres, Penguin, 1971.
De Hennezen M., *La mort intime : ceux qui vont mourir nous apprennent à vivre*, Paris, Lafont, 1995.
Delourme Alain, *La Distance intime*, Paris, Desclée de Brouwer, 1997.
Drewermann Eugen, *De la naissance des dieux à la naissance du Christ*, Paris, Seuil, 1992.
Dubar Claude, *La socialisation - Construction des identités sociales et professionnelles*, Paris, Armand Colin, 1991.
Dumas Didier, *La Sexualité masculine*, Paris, Albin Michel, « Pluriel », 1990.
Ehrenberg A., *L'Individu incertain*, Paris, Calmann-Lévy, 1995.
–, *La Fatigue d'être soi*, Paris, Odile Jacob, 1998.

–, *Le Culte de la performance*, Paris, Calmann-Lévy, 1991.
Eiguer Alberto, *Petit traité des perversions morales*, Paris, Bayard, 1997.
Ferry Luc, *L'Homme-dieu ou le sens de la vie*, Paris, Grasset, 1996.
Ferry Luc et Comte-Sponville André, *La Sagesse des modernes – Dix questions pour notre temps*, Paris, Robert Laffont, 1998.
Foucault Michel, *Histoire de la sexualité,* t. 3, *Le souci de soi*, Paris, Gallimard, 1984.
–, *L'Herméneutique du sujet*, Paris, Gallimard, 2001.
–, *Le Souci de soi*, Paris, Gallimard, 1994.
Freud, *Malaise dans la civilisation*, Paris, PUF, réédition en 1971.
Gaulejac Vincent de, *L'Histoire en héritage - Roman familial et trajectoire sociale*, Paris, Desclée de Brouwer, 1999.
Green André, *Narcissisme de vie, narcissisme de mort*, Paris, Minuit, 1994.
Hennezel Marie de, *La Mort intime*, Paris, « Pocket », Robert Laffont, 1995.
Henry Michel, *Incarnation - Une philosophie de la chair*, Paris, Seuil, 2000.
Jullien François, *Un sage est sans idée*, Paris, Seuil, 1999.
Kaufmann Jean-Claude, *La Trame conjugale : analyse du couple par son linge*, Paris, Nathan, 1992.
–, *Corps de femmes, regards d'homme - Sociologie des seins nus*, Paris, « Pocket », Presses de la Cité, 1998.
Khatibi Abdelkébir, *Le don de l'aimance*, Marsam, Rabat, 1995.
Krishnamurti J., *Commentaire sur la vie*, Paris, Buchet-Chastel.
Laborit Henri, *L'Inhibition de l'action*, Paris, Masson, 1985.
Lacan Jacques, *Le Séminaire, Livre VII - L'éthique de la psychanalyse*, Paris, Seuil, 1986.
Laurent A., *Histoire de l'individualisme*, Paris, PUF, « Que sais-je ? », 1993.
Le Breton David, *L'Adieu au corps*, Paris, Métailié, 1999.
Le Guen Claude, *L'Œdipe originaire*, Paris, PUF, « Épîtres », 2000.
Le Quéau P., *La Tentation bouddhiste - Les fleurs mystiques de Babylone*, Paris, Desclée de Brouwer, 1998.

–, « Le Risque extrême pour exister », *Cultures en mouvement* n° 2, 1997.
« Le Temps des religions sans Dieu », revue *Esprit*, n° 233, juin 1997.
Levin Pamela, *Les Cycles de l'identité*, InterÉditions, 1986.
Lévy-Bruhl Lucien, *L'Âme primitive*, Paris, PUF, « Quadrige », 1996.
« L'Intime et l'étranger », *Nouvelle Revue de Psychanalyse*, vol. 40, Paris, Gallimard, 1989.
Lipovetsky G., *L'Ère du vide - Essai sur l'individualisme contemporain*, Paris, Gallimard, 1987.
Mac Dougal Joyce, *Eros aux mille et un visages*, Paris, Gallimard, 1996.
Maisonneuve Jean, *Psychosociologie de l'amitié*, Paris, PUF, 1993.
Marcuse Herbert, *Eros et civilisation*, Paris, Minuit, 1963.
Maspero Henri, *Le Taoïsme et les religions chinoises*, Paris, Gallimard, 1971.
Matignon Karine Lou, *Sans les animaux le monde ne serait pas humain*, Paris, Albin Michel, 2000.
Miller Michael Vincent, *L'Amour terroriste*, Paris, Robert Laffont, « Réponses », 1995.
Misrahi Robert, *Éthique politique et bonheur*, Paris, Seuil, 1983.
–, *La problématique du sujet aujourd'hui*, Encre marine, 1994.
Masquelier Gonzague, *Vouloir sa vie*, Paris, Retz, 1999.
Moreau André, *Pouvoir Autonomie Guérison*, Éditions Cabay, 1984.
Mosse G.L., *L'Image de l'homme - L'invention de la virilité moderne*, Abbeville, 1997.
Nancy Jean-Luc, *La Pensée dérobée*, Paris, Galilée, 2001.
Natures en Tête, textes réunis par Gonseth Marc-Olivier, Hainard Jacques et Kaehr Roland, GHK Éditions, 1996.
Neuburger Robert, *Les Territoires de l'intime - L'individu, le couple, la famille*, Paris, Odile Jacob, 2000.
–, *Nouveaux couples*, Paris, Odile Jacob, 1997.
Onfray Michel, *L'Art de jouir*, Paris, Grasset & Fasquelle, 1991.
Pagès Max, *Le travail amoureux*, Paris, Dunod, 1991.

–, *Le travail amoureux et le travail d'exister*, Paris, Desclée de Brouwer, 1996.
–, *Psychothérapie et complexité*, Paris, Épi, « Re-connaissances », 1993.
Pardailhé-Galdbrun Annick, *La Naissance de l'intime*, Paris, PUF, 1989.
Pasini Willy, *L'Éloge de l'intimité*, Paris, Payot, 1991.
–, *Le Temps d'aimer*, Paris, Odile Jacob, 1997.
Pauchant Thierry *et alii*, *La Quête du sens*, Paris, Éditions d'Organisation, 1996.
Ravis-Giordani Georges, *Amitiés – Anthropologie et histoire*, Éditions de l'université de Provence, 1999.
Reeves Hubert, *L'Heure de s'enivrer*, Paris, Seuil, 1986.
Rosset Clément, *Principes de sagesse et de folie*, Paris, Minuit, 1991.
Ruano-Borbolan Jean-Claude (dir.), *L'identité (L'individu, le groupe, la société)*, Sciences humaines éditions, 1998.
Rycroft Charles, *L'Angoisse créatrice*, Paris, Robert Laffont, 1971.
Searles Harold, *L'Effort pour rendre l'autre fou*, Paris, Gallimard, 1977.
Sciences humaines n° 106, « Thérapies et nouvelles spiritualités ».
Segalen Martine, *Rites et rituels contemporains*, Paris, Nathan-Université, 1998.
Senett R., *Les Tyrannies de l'intimité*, Paris, Seuil, 1977.
Sibony Daniel, *Don de soi ou partage de soi ?*, Paris, Odile Jacob, 2000.
Simmel G., *La Parure et autres essais*, MSH, 1998.
Singly François de, *Libres ensemble*, Paris, Nathan, 2000.
Taylor Charles, *Les Sources du moi - La formation de l'identité moderne*, Paris, Seuil, 1998.
Tisseron Serge, *Petites mythologies d'aujourd'hui*, Paris, Aubier, 2000.
–, *Y a-t-il un pilote dans l'image ?*, Paris, Aubier, 1997.
–, *Du bon usage de la honte*, Paris, Aubier, 1998.
Touraine Alain et Khosrokhavar Farhad, *Le Sujet et le soi*, Paris, Fayard, 2000.
Turner J. et Hévin B., *Construire sa vie d'adulte*, InterÉditions, 2001.

Turner Victor, *Le phénomène rituel, structure et anti-structure*, Paris, PUF, 1990.
Varela Francisco, *Action, sagesse et cognition*, Paris, La Découverte, 1996.
Wieger Léon, *Les Pères du système taoïste*, Paris, Les Belles Lettres, 1950.

3. Développement personnel et groupes

Ancelin-Schüzenberger Anne, *Le corps et le groupe*, Toulouse, Privat, 1977.
Anzieu Didier, *Le groupe et l'inconscient*, Paris, Dunod, 1975.
–, *Le moi-peau*, Paris, Dunod, 1985.
Anzieu Didier et Martin Jean-Yves, *La Dynamique des groupes restreints*, Paris, PUF, « Le psychologue », 1968.
Ardoino J., de Peretti A., *Penser l'hétérogène*, Paris, Desclée de Brouwer, 1998.
Balint Michael, *Le médecin, le malade et la maladie*, Paris, Payot, 1968.
Barbier René, *La Recherche-action*, Paris, Anthropos, 1996.
Bettelheim Bruno, *La Forteresse vide*, Paris, Gallimard, 1982.
Binswanger Ludwig, *Analyse existentielle et psychanalyse freudienne*, Paris, Gallimard, « Tel », 1970 pour la traduction française.
Cazenave Michel, *Jung, l'expérience intérieure*, Paris, Éditions du Rocher, 1997.
Chamanisme et Psychothérapie, sous la direction de Van Aersel Patrice et Dumas Didier, Paris, Albin Michel, 1997.
Clancier Anne et Kalmanovitch Jeannine, *Le paradoxe de Winnicott*, In-press, 1999.
Cooper David, *Grammaire à l'usage des vivants*, Paris, Seuil, « Combats », 1974 et 1976 pour la traduction française.
Dolto Françoise, *L'Image inconsciente du corps*, Paris, Points-Seuil, 1984.
Freud Sigmund, *Totem et tabou*, Paris, Payot, 1912-1913 et 1923 pour la traduction française.
Gentis Roger, *N'être*, Paris, Flammarion, 1977.
–, *Leçons du corps*, Paris, Flammarion, 1980.

Howard Jane, *Touchez-moi, s'il vous plaît*, Paris, Tchou/Laffont, « Le corps à vivre ».
Janov Arthur, *Le cri primal*, Paris, Flammarion, 1970 et 1975 pour la traduction française.
–, *L'Amour et l'enfant*, Paris, Flammarion, 1975 et 1977 pour la traduction française.
Kaufmann P., *Kurt Lewin, une théorie du champ dans les sciences de l'homme*, Paris, Vrin, 1968.
Lacroix Michel, *L'idéologie du New Age*, Paris, Flammarion, 1995.
–, *Le Développement personnel*, Paris, Flammarion, collection « Dominos », 1999.
Laing Ronald D., *Les faits de la vie*, Paris, Stock, « Monde ouvert », 1976 et 1977 pour la traduction française.
–, *Le Moi divisé*, Paris, Stock, 1979.
Lapassade Georges, *L'Entrée dans la vie - Essai sur l'inachèvement humain*, Paris, Minuit, 1963.
–, *Les micro-sociologies*, Paris, Anthropos, 1996.
Lewin Kurt, *Psychologie dynamique*, Paris, PUF, « Le psychologue », 1959.
Liss Jérôme et Stupiggia Maurizio, *La Thérapie biosystémique*, Paris, Hommes et Perspectives, « Interfaces », 1996.
Liss Jérôme, *Débloquez vos émotions*, Paris, Tchou, 1978.
–, « L'Espace du Possible, une communauté d'été, des expériences de groupe, des implications politiques », *Sexpol*, n° 32 et n° 33, octobre et novembre 1979.
Lobrot Michel *et alii*, *Le Choc des émotions*, « Sexothérapie, Psychothérapie et Somatothérapie », Éditions de la Louvière, 1993.
Lowen Alexander, *La bio-énergie*, Paris, Tchou/Laffont, « Le corps à vivre », 1975 et 1976 pour la traduction française. Ainsi que, dans la même collection : *La Dépression nerveuse et le corps* (1975), *Le Plaisir* (1976), *La Bio-énergie* (1976), *Le Langage du corps* (1977), *Amour et orgasme* (1977).
Meyer Richard, *A chaque jour suffit son bonheur*, Le Coudrier/Somatothérapies, « Éco-Humanisme et Psychothérapie », 1994.

Meirieu Philippe, *Frankenstein pédagogue*, Issy-les-Moulineaux, ESF éditeur, 1996.
Misrahi Robert, *Traité du bonheur* (2 vol.), Paris, Seuil, 1983.
Moles Abraham et Rohmer E., *Psychologie de l'espace*, Paris, Castermann, 1977.
Moreno J.L., *Psychothérapies de groupes et psychodrame*, Paris, PUF, 1969.
Neil Alexander S., *Libres enfants de Summerhill. Pour ou contre Summerhill*, Paris, Payot, 1972.
Pagès Max, *La vie affective des groupes*, Paris, Dunod, 1969.
Peck Scott, *L'Amour réapprivoisé*, Modus Vivendi, 1999 pour la traduction française.
Peretti A. de, *Pensée et vérité de Carl Rogers*, Paris, Privat, 1974.
Perls Frederick S., *Ma Gestalt-thérapie*, Paris, Tchou/Laffont, « Le corps à vivre ».
–, *Rêves et existence en Gestalt-thérapie*, Paris, Épi, 1969.
Pierson Marie-Louise, *L'Intelligence relationnelle*, Paris, Éditions d'Organisation, 2000.
Reich Wilhelm, *L'Analyse caractérielle*, *La Psychologie de masse du fascisme*, *L'Irruption de la morale sexuelle*, *La Fonction de l'orgasme*, *Écoute petit homme !* et *Reich parle de Freud*, Paris, Payot pour la traduction française.
Rogers Carl, *Le développement de la personne*, Paris, Dunod, 1966.
–, *Les groupes de rencontre*, Paris, Dunod, 1973.
Sartre Jean-Paul, *Vers une critique de la raison dialectique*, t. 1 : *Théorie des ensembles pratiques*, Paris, Gallimard, 1960.
Shott-Billeman France, *Le Besoin de danser*, Paris, Odile Jacob, 2001.
Stern Daniel, *Le Journal d'un bébé*, Paris, Calmann-Lévy, 1990.
–, *La Constellation maternelle*, Paris, Calmann-Lévy, 1997.
This Bernard, *Neuf mois dans la vie d'un homme*, InterÉditions, 1994.
Varenka et Marc Olivier, *L'Enfant qui se fait naître*, Paris, Buchet-Chastel, 1981.
Winnicott D.W., *Jeu et réalité*, 1971 et Paris, Gallimard, « Connaissance de l'inconscient », 1975, pour la traduction française.

Zeinker Joseph, *Secrets pour la Gestalt*, Montréal, Éditions de l'Homme, 1981.

4. Communication, mieux-être et ateliers

André Alain, *Babel heureuse - L'atelier d'écriture au service de la création littéraire*, Paris, Syros, 1989.

Bellenger Lionel, *Être pro*, Paris, ESF, « Managers classe affaires », 1992.

Camilli Claude, *Le Massage sensitif, I, II et III*, Paris, Maloine.

Chalvin Dominique, *Les Outils de base de l'analyse transactionnelle*, Paris, ESF, « Formation permanente en sciences humaines », 1996.

Collignon Gérard, *Comment leur dire - La Process Communication*, InterÉditions, 1994.

De Alcantara Pedro, *La Technique Alexander*, Éditions d'Angles, « Psycho-soma », 1997.

Donnars Jacques, *Vivre*, Paris, Tchou, 1979.

Drucker Peter, *Managing for the future*, Truman Talley, New York, 1996.

Frenkiel Pierre, *60 jeux d'écriture relationnels pour faire advenir le plaisir d'écrire*, CICLOP, 1993.

Harville Hendrix, Ph. D., *Le Défi du couple*, Modus Vivendi, 1994.

« La Création comme processus de transformation », *Art et Thérapie* n° 56-57, juin 1996.

Lefèvre Philippe, *Mieux vivre nos désirs*, Chronique sociale, 1998.

Longin Pierre, *Coachez votre équipe*, Paris, Dunod, 1998.

Marc Edmond, *L'école de Palo Alto*, Paris, Retz, 1984.

Paul-Cavallier François, *Visualisation - Des images pour des actes*, Paris, InterÉditions, 1989.

Peters Tom, *Le Chaos management*, Paris, InterÉditions, 1998.

« Présence haptonomique dans la science, les arts et la culture », *Revue scientifique apériodique*, n° 5, CIRDH, 1999.

Rossignol Isabelle, *L'Invention des ateliers d'écriture en France – Analyse comparative de 7 pratiques significatives*, Paris, L'Harmattan, 1997.

Salomé Jacques et Galland Sylvie, *Si je m'écoutais je m'entendrais*, Paris, Les Éditions de l'Homme, 1990.
Salomé Jacques et Potier Christian, *Oser travailler heureux - Entre prendre et donner*, Paris, Albin Michel, 2000.
Savatovski Joël, *Le Massage-douceur*, Dangles, 1986.
–, *Le Toucher apprivoisé*, Lamarre-Poinat, 1989.
–, *Le Massage minute*, Recto-Verseau, 1990.
–, *Le Stretch massage*, Recto-Verseau, 1991.
Souzenel A., *De l'arbre de vie au schéma corporel – Le symbolisme du corps humain*, Dangles, 1977.

5. Critique sociale et institutionnelle

Attali Jacques, *Fraternités*, Paris, Fayard, 1999.
Ballandier Georges, *Le Grand Système*, Paris, Fayard, 2001.
Berque Augustin, *Ecoumène – Introduction à l'étude des milieux humains*, Paris, Belin, 1999.
–, « Biosphère ou cybermonde ? », in « Anciennes nations, nouveaux réseaux », *Les Cahiers de Médiologie*, n° 3.
Boissonat J. (sous la présidence de), *Le Travail dans vingt ans*, Commissariat général du Plan, Paris, Odile Jacob et Documentation française, 1995.
Bourdieu Pierre (sous la direction de), *La Misère du monde*, Paris, Seuil, 1993.
–, *Les Règles de l'art*, Paris, Points-Seuil, 1998.
Boltanski Luc et Chiapello Ève, *Le Nouvel Esprit du capitalisme*, Paris, Gallimard, « NRF Essais », 1999.
Castells Manuel, *L'Ère de l'information*, Paris, Dunod, 1996.
Cohn-Bendit Dany, *Nous l'avons tant aimé la révolution*, Paris, Barrault, 1986.
Debray Régis, *L'Emprise*, Paris, Gallimard, « Le débat », 2000.
Dejours Christophe, *Le Facteur humain*, Paris, PUF, 1995.
–, *Souffrance en France – La banalisation de l'injustice sociale*, Paris, Seuil, « L'Histoire immédiate », 1998.
Elias Norbert, *La Société des individus*, Paris, Fayard, 1988.
Emmanuelli Xavier, *Dernier avis avant la fin du monde*, Paris, Albin Michel, 1999.
–, *L'homme n'est pas la mesure de l'homme*, Paris, Pocket, 2000.

Gaudin Thierry, *2100 : Récit du prochain siècle*, Paris, Payot, 1990.
Gaulejac Vincent de, *La Lutte des places*, Paris, Desclée de Brouwer, 1994.
Guillebaud Jean-Claude, *La Tyrannie du plaisir*, Paris, Seuil, 1996.
Habermas Jürgen, *L'Agir communicationnel*, Paris, Fayard, 1987.
Heber-Suffrin Claire et Marc, *Le Cercle des savoirs reconnus*, Paris, Épi/Desclée de Brouwer, 1993.
Hirigoyen Marie-France, *Le Harcèlement moral*, Paris, Syros, 1998.
Jacob François, *Le Jeu des possibles*, Paris, Fayard, 1981.
Labayle Denis, *La France de l'audace*, Paris, Seuil, 1999.
La complexité sans complexes, Actes des 20e journées d'études nationales ADC/ENSP, 1991.
Lafargue Paul, *Le Droit à la paresse*, Castelnau-le-Lez, Climats, 1995.
Lapouge Gilles, *Utopies et civilisation*, Paris, Albin Michel, 1990.
Larrère, *Les Philosophies de l'environnement*, Paris, PUF, 1997.
Le parler frais d'Erving Goffman, ouvr. coll., Paris, Éditions de Minuit, 1969.
Levinas Emmanuel, *Les Imprévus de l'histoire*, Paris, LGF, 2000.
Lobrot Michel, *La pédagogie institutionnelle – L'École vers l'autogestion*, Paris, Gauthier-Villars, 1965.
Mendel Gérard, *On est toujours l'enfant de son siècle – Le XXe siècle : un regard psychopolitique*, Paris, Robert Laffont, 1986.
Meyrieu Philippe, *Frankenstein pédagogue*, Paris, ESF, 1996.
Moles Abraham, *La Société de l'autonomie*, Paris, Éditions d'Organisation, 2000.
Morin Edgar, *Introduction à la pensée complexe*, Paris, ESF, 1990.
Moscovici S., *La Société contre nature*, Paris, Seuil, 1994.
Ollivier Blaise, *L'Acteur et le sujet*, Paris, Desclée de Brouwer, « Sociologie économique », 1995.
Rosnay Joël de, *Le Cerveau planétaire*, Paris, Olivier Orban, 1986.
Sainsaulieu Renaud, *L'entreprise, une affaire de société*, Paris, Presses de la Fondation nationale des sciences politiques, 1990.

Schnapper Dominique, *La Relation à l'autre au cœur de la pensée sociologique*, Paris, Gallimard, 1998.
Servan-Schreiber Jean-Louis, *Le nouvel art du temps*, Paris, Albin Michel, 2000.
Sfez Lucien, *Critique de la Décision*, Paris, Presses de la Fondation nationale des sciences politiques, 1974.
–, *La santé parfaite – Critique d'une nouvelle utopie*, Paris, Seuil, 1995.
Vaneigem Raoul, *Nous qui désirons sans fin*, Paris, Le Cherche-Midi, collection « Amor Fati », 1996.
Vasquez A. et Oury F., *Vers une pédagogie institutionnelle*, Paris, Maspero, 1968.
Vigarello G., *Le Corps redressé - Histoire d'un pouvoir pédagogique*, Jean Pierre Delarge, 1978.
Zarifian E., *La Société du bien être*, Paris, Odile Jacob, 1997.

6. Autres

Auster Paul, *L'invention de la solitude*, Arles, Actes Sud, collection « Babel », 1988, pour la traduction française.
Barthes Roland, *Roland Barthes par Roland Barthes*, Paris, Seuil, « Écrivains de toujours », 1975.
Bataille Georges, *L'Érotisme*, Paris, 10-18, 1965.
Bourdet Yvon, *Qu'est-ce qui fait courir les militants ?*, Paris, Stock 2, « Penser », 1976.
Brückner Pascal et Finkielkraut Alain, *Le Nouveau désordre amoureux*, Paris, Seuil, « Fiction & Cie », 1977.
–, *Au coin de la rue l'aventure*, Paris, Seuil, « Fiction & Cie », 1979.
Castaneda Carlos, *Voir (les enseignements d'un sorcier yaqui)*, Paris, Gallimard, « Témoins », 1971 et 1973 pour la traduction française.
De Santis Pablo, *La Traduction*, 1998 et Paris, Métailié, 2000.
Ernaux Annie, *Journal du dehors*, Paris, Gallimard, 1993.
–, *La Vie extérieure*, Paris, Gallimard, 1999.
Houellebecq Michel, *Les Particules élémentaires*, Paris, Flammarion, 1998.
Jakubowicz Maurice, *L'Espace du Possible ou La socialisation d'une culture thérapeutique*, thèse de 3e cycle.

Montaigne Michel de, *Essais*, Paris, Pocket, 1998.
Perec Georges, *Espèces d'espaces*, Paris, Galilée, 1974.
–, *Je suis né*, Paris, Seuil, « La Librairie du XXe siècle », 1990.
Platon, *Le Banquet*, Paris, Garnier-Flammarion.
Portante Jean, *Allen Ginsberg, L'autre Amérique*, Le Castor Astral, « Tombeau », 1999.
Rilke Rainer Maria, *Lettres à un jeune poète et autres lettres*, Paris, Flammarion, 1994, pour cette traduction.
Sartre Jean-Paul, *Les Mots*, Paris, Gallimard, 1964.
Spinoza, *Œuvres complètes*, Paris, Gallimard, La Pléiade, 1954.
Tabucchi Antonio, *Le Fil de l'horizon*, 1986 et Éditions Christian Bourgois, 1988, pour la traduction française.

Sommaire

Composé par Graphe à Quintin

Achevé d'imprimer le 7 mai 2001
sur les presses de Normandie Roto Impression, s.a
61250 Lonrai (Orne)
N° d'imprimeur : 010970

Dépôt légal : mai 2001

Imprimé en France